Alles über Skateboarding

History Basics Tricks Material

Tropen Verlag

Holger von Krosigk, geb. 1974 in Hamburg, wurde Ende der achtziger Jahre Opfer des letzten großen Skateboardbooms. Angeregt durch den Film „Zurück in die Zukunft“ kaufte er sich im Sommer 1988 sein erstes richtiges Skateboard. Schon wenige Jahre später interessierten sich die ersten Sponsoren für ihn und er wurde fortan zu einem der prägenden Gesichter der deutschen Skateboardszene. Nach dem Studium der Amerikanistik arbeitet er als freier Journalist in Köln und ist Chefredakteur des Monster Skateboard Magazine. Er fährt auch heute noch aktiv Skateboard.

Helge Tscharn fotografiert seit über zwanzig Jahren regelmäßig für Skateboard- und Musikmagazine. Besonders seine Skateboardfotografie ist in Europa einzigartig und macht ihn weltweit zu einem der bekanntesten und einflussreichsten Fotografen in diesem Bereich. Dadurch, dass er selber jahrelang skatete, gelingt es ihm wie kaum einem anderen, sich in die Fahrer hineinzuversetzen und die atemberaubenden Tricks im entscheidenden Moment festzuhalten. Er lebt in Köln und ist Photo Editor des Monster Skateboard Magazine.

Holger von Krosigk

Mit Fotos von

Helge Tscharn

Intro

Vor dem Umblättern eine kleine Warnung: Der Genuss der folgenden Seiten kann weitreichende Folgen haben. Sowohl Körper als auch Geist können Schaden nehmen und das gilt nicht nur für den Leser, sondern auch für sein Umfeld. Im schlimmsten Fall mutiert der Konsument innerhalb weniger Tage zu einem waschechten Skateboarder. Schwere Probleme sind vorprogrammiert. Zu den Symptomen zählen zwanghaftes Skaten, regelmäßige Reisen, neue Kontakte, eine neue Sprache und Blessuren in jeder Farbnuance an vielen Körperstellen. Abstinenz ist nicht leicht, wahrscheinlich schwieriger als mit dem Rauchen aufzuhören. Nur einen Trost gibt es für den zukünftigen Skateboarder: An einer Überdosis Spaß kann man nicht sterben.

Skateboarding ist hochgradig ansteckend und ganz schön hartnäckig. Unbemerkt springt der Virus auf seine Opfer über, meistens im Alltag. Und plötzlich spürt man, wie tief im Inneren der Wille heranwächst, ein Skateboard zu besitzen. Und nicht nur es zu besitzen, sondern auch es zu fahren, es zu steuern und am Ende sogar: es zu beherrschen. Allein Menschen mit überdurchschnittlich guten Widerstandskräften werden den Virus wieder los. Bei anderen hält er sich beharrlich. Ich selbst bin ihn nicht losgeworden. Allerdings muss ich zugeben, dass ich es nie versucht habe. Im Gegenteil. Höchstens Verletzungen sind hier und da gegen den übermäßigen Konsum eingeschritten. Die wenigsten Leute können von sich behaupten, aufgehört zu haben. Vielleicht übergangsweise – und das über Jahre. Doch eine Lektion habe ich gelernt: They always come back. Irgendetwas an Skateboarding ist derart faszinierend, dass man einfach dabei bleiben muss. „Skateboarding war mit Abstand die beste Zeit meines Lebens“ – diesen Satz habe ich innerhalb weniger Wochen mehrfach gehört; er kam aus dem Mund älterer Skater, die sich zurückgezogen haben, weil sie gerade weder die Zeit noch die Möglichkeiten haben, am Ball zu bleiben. Was ist also dran an der Sache?

Ich glaube, der wichtigste Punkt besteht darin, dass

Holger von Krosigk,
Feeblegrind

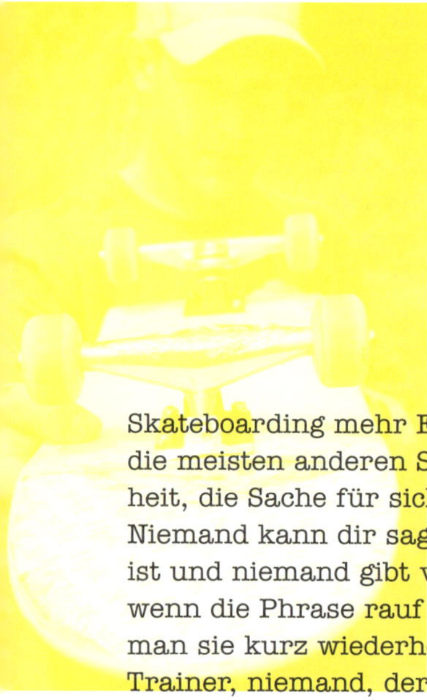

Skateboarding mehr Entfaltungsmöglichkeiten bietet als die meisten anderen Sportarten. Nirgends ist die Freiheit, die Sache für sich selbst zu definieren, größer. Niemand kann dir sagen, was Skateboarding für dich ist und niemand gibt vor, wie es auszusehen hat. Auch wenn die Phrase rauf und runter zitiert wird, muss man sie kurz wiederholen: Keine Trainingszeiten, kein Trainer, niemand, der sagt, was man tun soll. Wenn man mit der Frage „Was ist Skateboarding?“ sowie Zettel und Stift in die Welt hinausgeht, wird man viele Antworten bekommen. Möglicherweise so viele Antworten wie Personen befragt werden. Also, was ist Skateboarding? Ein Lifestyle! Viel zu laut! Eine Sportart … ein Zeitvertreib! Im Trend! Auflehnung! Kunst! Zum Kotzen! Kindisch! Lächerlich! Oder einfach nur mein Leben? Alles ist möglich.

Was ist Skateboarding? Der Akt der Fortbewegung auf einem Holzbrett mit vier Rollen; auf diese einfache Definition kann man sich einigen. Tatsache ist, es geht eine Faszination davon aus. Man muss nicht einmal selber betroffen sein, um das zu merken. Man muss sich nur vor Augen halten, wie stark Skateboarding das Leben vieler Menschen bestimmt. Wer sich selbst als Skateboarder bezeichnet, lebt für das, was er tut. Ich kenne unzählige Menschen, die dem Rollbrett ihre Existenz widmen, die ihren letzten Cent geben würden, um das beste Equipment zu haben oder buchstäblich bis zum Ende der Welt fliegen würden, wenn es dort einen guten Spot gäbe. Aber welche Rolle es auch immer für euch Leser spielt, dieses Buch soll ein „Rundum-sorglos“-Paket sein, um Skateboarding in all seinen Facetten zu verstehen.

Es soll einen Überblick verschaffen über das, was Skateboarding ausmacht und den langen Weg nachzeichnen, den es genommen hat, um das zu werden, was es ist. Und noch etwas liefert dieses Buch: unzählige Tipps und Tricks, mit denen man als Anfänger den Einstieg findet. Ob es Kleinigkeiten wie das Montieren eines Boards oder das effektivste Anschieben sind, die Wahl des richtigen Materials oder Hinweise zum Thema Stretchen, „Alles über Skateboarding“ deckt alles ab: Mongopushen, die Geschichte von „Tony Hawk's Pro Skater“, das erste Handrail, die legendären Z-Boys. Wer sich das Buch zu Herzen nimmt, kennt die Geschichte des Sports mit all den dramatischen Auf- und Abwärtsbewegungen, kennt ein paar der legendärsten Skater der Welt und weiß Bescheid über Videos, Musik, Reisen und viele andere Dinge, die Skateboarding ausmachen. Aber man darf das Buch auch zuklappen, man muss es sogar, denn: Mit einem Buch in der Hand kann man nicht skaten.

History

Sidewalk und Surfer: Eine Suche nach den Wurzeln

Im Gegensatz zu vielen Trendsportarten hat Skateboarding tiefe historische Wurzeln. Die Anfänge liegen in der ersten Hälfte des 20. Jahrhunderts und je nachdem, wie weit man den Bogen spannt, kann man noch einige Jahrzehnte weiter zurückblicken. Die Geschichte ist komplex, interessant und zeigt vor allem Höhen und Tiefen. Es gab mehrere Wellen, in denen Skateboarding große Schübe bekommen hat, doch es gab auch Zeiten, in denen der Sport fast ausgestorben wäre. Und immer wieder reduzierte sich alles auf einen harten Kern, der dem Skateboarding treu blieb. Im Rückblick zeigt sich aber auch: Das Material hatte oft einen entscheidenden Einfluss darauf, wie es weiterging – ob in Bezug auf die Tricks oder auf die Popularität. Es ist wie die Frage nach dem Huhn und dem Ei. Was war zuerst da? Erforderten neue Tricks auch neues Material, oder ermöglichten die neuen Boards überhaupt erst die neuen Manöver? Rollen wir die Sache einmal von hinten auf.

„Skateboarding hat tiefe und starke Wurzeln und wer sie sucht, der wird es pushen."
Glen E. Friedman

Der Sport der Könige

Was ist ein Skateboard? Abstrakt gesehen, ist ein Skateboard schlichtweg ein Fortbewegungsmittel auf Rollen, bei dem man mit beiden Füßen auf einem Holzbrett steht. Das wäre der kleinste gemeinsame Nenner. Wenn man den Aspekt des Rollens weglässt, ist man ganz schnell bei einer anderen Sportart angelangt: beim Surfen. Und das nicht ganz zufällig, wie sich noch herausstellen wird. Denn die Geschichte des Skateboards ist zugleich eine Geschichte des Surfboards. Für C. R. Stecyk, den großen Skateboardchronisten und Fotografen aus Kalifornien, beginnt die Geschichte bzw. Vorgeschichte des rollenden Sports daher im Jahr 3000 vor Christus. Peruanische Ruinen zeigen Darstellungen von Menschen, die sich auf Booten im Meer fortbewegen und dabei auf den Wellen „reiten" – ihre Fahrgeräte hießen übersetzt „kleine Seepferde". Ein Mensch und eine Planke unter den Füßen – immerhin. Etwas näher an der heutigen Sportart waren die Polynesier, die über Jahrhunderte als Könige der Meere galten.

„Brandungsschwimmen auf den Sandwichinseln", 1878

Für sie war das Surfen ein wichtiger Teil der Inselkultur – der Sport der Könige. Durch die Reisen der Polynesier, vor allem durch die Besiedlung Ost-Polynesiens, kam der Sport schließlich nach Hawaii. Dort erlebte das Surfen die erste Blütezeit und zu keinem Zeitpunkt war es stärker in das kulturelle Leben einer Gesellschaft integriert. Es gab sogar einzelne Buchten, in denen der normalen Bevölkerung das Surfen verboten wurde, denn die dortigen Wellen waren ausschließlich für die Adligen reserviert. Captain James Cook entdeckte Hawaii im Jahr 1778 und war fasziniert von den Wassersportkünsten. Zwar konnte er keinen Sinn darin entdecken, registrierte aber durchaus, dass Surfen eine Menge Spaß machte. Und auch Jack London war gefesselt und widmete dem Sport einen Aufsatz: „Aufrecht auf seinem Brett, lässig balancierend, ein junger Gott", so beschreibt er einen einheimischen Surfer.

Im Zuge der Christianisierung Hawaiis wurde das Surfen allerdings fast vollkommen ausgerottet. Als nutzlos, heidnisch und sittenlos bezeichneten die Missionare den Sport. Das Verbot im Jahre 1823 führte dazu, dass Surfen beinahe vollkommen von den Inseln verschwand. Erst das 20. Jahrhundert brachte das Wellenreiten wieder zurück. Doch wie kam es, dass das Holzbrett plötzlich auch an Land benutzt wurde? Wie landete das Board auf dem Asphalt?

Erste Prototypen

Man muss nicht unbedingt bis zur Erfindung des Rades zurückgehen, um den Kreis zum Skateboard zu schließen. Wohl aber zur Geburt der Rollschuhe. Hier gehen die Anfänge zurück ins Jahr 1760, als ein belgischer Musikinstrumenten-Hersteller seine Schlittschuhe in einem spontanen Anflug von Kreativität mit Metallrädern ausstattete und damit über das Parkett eines Maskenballs am Londoner Königshof glitt. Seine für alle Zuschauer bestimmt sehr imposante Fahrt endete jedoch rasch in einem Spiegel. Der gute Mann hatte in seinem Eifer an alles gedacht, nur nicht an eine Bremsmöglichkeit. Bis zur ersten Blütezeit des Rollschuhfahrens dauerte es daher noch einige Jahre. Erst Anfang des 20. Jahrhunderts kam der erste große Trend auf, der aber durch die zwei Weltkriege schnell und heftig unterbrochen wurde.

In der Entwicklung des Skateboards gab es in der Zwischenzeit ein paar sogenannte „Brückentiere“, also Zwischenformen, die noch nicht den Namen Skateboard verdienten, aber durchaus einen Anfang darstellten. Ob Kinderroller oder Milchwagen, man war erfinderisch und wollte schließlich vor allem eins: rollen. Und dafür ließ man sich einiges einfallen. So gab es die ersten Skateboards nicht in Kaufhäusern und auch nicht in Sportgeschäften, sondern in den Hinterhöfen Amerikas. Jugendliche kamen auf die Idee, den fahrbaren Untersatz ihrer Rollerskates auf Bretter zu nageln. Klassische „two by fours“ – zwei mal vier Inch breit (5 x 10 cm) – waren dabei der Prototyp. Auch kleinere Scooter wurden gebaut, und vor allem umgebaut: In einem kleinen Schritt mutierte der Roller, ein Kinderspielzeug und Transportfahrzeug zugleich, durch das Abnehmen der Lenkstange zum Skateboard.

Allerdings darf man sich diese ersten Gehversuche, oder besser: Rollversuche, nicht zu komfortabel vorstellen. Durch das feststehende Fahrgestell der Rollerskates gab es keinerlei Möglichkeit, zu lenken. Die Bretter waren flach und ohne jedwede Wölbung. Noch

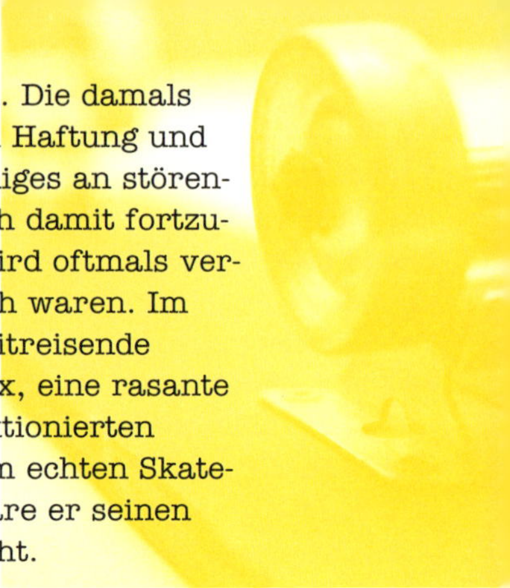

entscheidender aber war das Fahrgefühl. Die damals üblichen Metallrollen versprachen kaum Haftung und noch weniger Geschwindigkeit, dafür einiges an störender Vibration. Allein die Faszination, sich damit fortzubewegen war der Motor. Rückblickend wird oftmals vergessen, wie spartanisch die Anfänge doch waren. Im Film „Zurück in die Zukunft“ legt der Zeitreisende Marty McFly, gespielt von Michael J. Fox, eine rasante Jagd auf einem zum Skateboard umfunktionierten Roller hin – inklusive Sprünge. Mit einem echten Skateboard aus den frühen 1950er Jahren wäre er seinen Verfolgern wahrscheinlich nicht entwischt.

Surfin' USA: Der Kreis schließt sich

Ein Brett mit vier Rollen – geboren war eine Idee, aber noch nicht der Sport im großen Stil. Denn die Nachfrage nach Skateboards war lange nicht groß genug, um an eine industrielle Fertigung überhaupt nur zu denken. Skateboarding blieb zunächst – in den frühen 1950er Jahren – ein Hobby, ein Kinderspiel. Die Zeiten sollten sich allerdings sehr schnell ändern. Die Wende kam gleichzeitig mit dem Surfboom in Kalifornien. Beide Entwicklungen trafen aufeinander und Skateboardfahren schwamm im buchstäblichen Sinn auf der großen Welle mit. Surfen wurde zu einer der großen Modeerscheinungen des Jahrzehnts und in dessen Fahrwasser entwickelte sich eine völlig neue Sportart. Die Idee, mit dem Skateboard das Gefühl des Wellenreitens auf dem Asphalt nachzuempfinden, sollte dem Skateboarding eine andere Richtung geben, die sich in vielerlei Hinsicht auswirkte – auf das Terrain und auch auf die Einstellung. Aus eigener Kraft hätte diese Popularität in den 1950er Jahren niemals erreicht werden können.

Verantwortlich für den plötzlichen Surfboom war auch hier die rasche Weiterentwicklung des Materials, die den Sport letzten Endes überhaupt erst massenkompatibel machte. Noch in den 1930er Jahren war die Surfgemeinde in Kalifornien so überschaubar, dass jeder Neuzugang genau registriert wurde. Man kannte sich persönlich und wusste, wer dazugehörte und wer nicht. 1934 begrüßte man dort erst den achtzigsten Surfer. Bis Anfang der 1940er Jahre blieb der Sport überschaubar und klein. Der zündende Funke kam 1952. Der kalifornische Surfer Jake O'Neill hatte die Idee, Surfanzüge aus Neopren herzustellen. „It's always summer on the inside“ versprach der Slogan, und es stimmte tatsächlich. Wer seinen Fuß schon einmal in den sogar in Kalifornien eiskalten Pazifik gesetzt hat, weiß warum diese Erfindung so wichtig war. Fürs Surfen war es das Ei des Kolumbus. Derart wärmeisoliert eroberten Surfer von Kalifornien aus Amerika und von dort aus den Rest der Welt. Auch Hollywood nahm sich der Sache an und so entstand 1958 der Film „Gidget“, in dem ein kalifornisches Girl am Strand von Malibu surfen lernen will. Praktisch über Nacht wechselte die „outlaw“-Surfkultur zum Mainstream über.

Vom Hinterhof ins Kaufhaus

Sidewalk Surfer, Newquay Beach, ca. 1967

Parallel entwickelte sich Skateboarding als Nebenbeschäftigung der Wassersportler mit. Man wollte das Gefühl auf die Straße übertragen, vor allem zu Tageszeiten mit schwachem Wellengang. Das kommerzielle Interesse an Skateboarding wurde gegen Ende der 1950er Jahre stetig größer, wie die Herstellung des ersten industriell gefertigten Skateboards belegt. Das „Roller Derby Skateboard“ taucht ab 1959 in den Kaufhausregalen Amerikas auf. Es war das erste Board für die Massen und fand reißenden Absatz – und das obgleich noch fast alle Merkmale eines heutigen Boards fehlten; gerade diejenigen, die Fahrkomfort versprechen. Es bestand aus einer einzigen „Holzplanke“ ohne jede Wölbung und besaß weder Nose noch Tail. Die Achsen waren starr, das Lenken zählte nicht zu den Qualitäten des Roller-Derby-Boards. Die Rollen waren aus Stahl und hatten nicht die Spur von Haftung. Doch wie groß auch immer die Defizite dieses Boards waren, es bestätigte: Das Interesse an Skateboarding war geweckt.

Trotz des unzulänglichen Materials boomte Skateboarding in den darauffolgenden Jahren weiter. Larry Stevenson, der Herausgeber des Surf Guide, hatte sich in den

Life Magazine, 1965

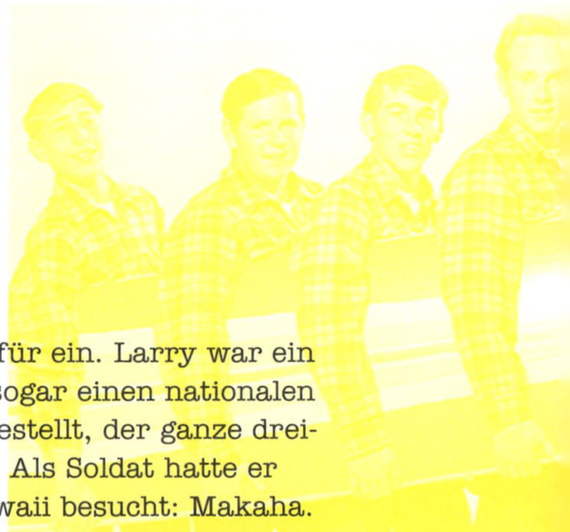

Sport verguckt und setzte sich dafür ein. Larry war ein Weltklasseschwimmer und hatte sogar einen nationalen Rekord im Brustschwimmen aufgestellt, der ganze dreißig Jahre nicht gebrochen wurde. Als Soldat hatte er einen bekannten Surfspot auf Hawaii besucht: Makaha. 1963 schloss sich der Kreis und Larry Stevenson gründete, inspiriert von seinen Surfroots, Makaha Skateboards. Es sollte die erste Skateboardfirma mit einem professionellen Team werden. Er rief auch den ersten Skateboardwettbewerb der Welt in Hermosa Beach in Kalifornien ins Leben und brachte Achsen auf den Markt, die eine völlig neue Eigenschaft mitbrachten: sie konnten lenken. Sein Team reiste quer durch die Vereinigten Staaten und der Boom war nicht mehr aufzuhalten. In den besten Zeiten musste Larry Stevenson 10.000 Boards pro Tag nachbestellen. Binnen drei Jahren wurden über 50 Millionen Skateboards verkauft. Neben Makaha Skateboards war vor allem Hobie Alters Firma Hobie Skateboards einflussreich.

Der erste Winterschlaf

Und immer noch schwamm das Skateboarding auf der kräftigen Welle des Surfbooms mit, der das ganze Land praktisch über Nacht erfasst hatte. 1963 landeten die Beach Boys mit „Surfin' USA“ ihren Nr.-1-Hit. Midget Farrelly, einer der bekanntesten Surfer der Zeit, hatte seine eigene Fernsehshow auf ABC – die „Midget Farrelly Surf Show" – und jeden Freitag saßen Millionen Zuschauer vor dem Fernseher und sahen, wie er nach der Surfsession sein Skateboard auspackte und rollen ging. Asphaltsurfen! Damit ging es erst richtig los. Innerhalb von zwei Jahren wurde Skateboarding regelrecht aufgeblasen. Es gab internationale Wettbewerbe, ein Skateboardmagazin, Quarterly Skateboarder, und sogar einen weiteren Hollywoodfilm – „Skater Dater". Die nationalen amerikanischen Skateboardmeisterschaften wurden in „Wide World of Sports" auf ABC übertragen. Die Popularität war immens, auch die Musikindustrie belegt den Trend. „Sidewalk Surfing" hieß ein Album, das 1964 erschien und unter anderem die Titel „Sidewalk Surfer" und „Roller Derby" enthielt.

Ein weiterer Titel auf dem Album hieß „Collision Course" und auf einem sprichwörtlichen Kollisionskurs befand sich auch Skateboarding nur ein Jahr später: Skateboarding war der Bevölkerung zu gefährlich geworden. Das Life Magazine hatte 1965 einen Skateboarder auf seinem Titel platziert und verfluchte bereits den gerade geborenen Trend. „It's easier, getting bloody than fancy" lautete die Überschrift. Das jähe Ende der ersten großen Skateboardwelle war gekommen: Insbesondere die schlechten Produkte, allen voran die sogenannten „clay wheels", tonartige Rollen, waren für viele Unfälle verantwortlich. „Clay wheels" waren zwar eine klare Verbesserung gegenüber Stahlrollen, aber sie fielen schnell auseinander und hatten ebenfalls kaum Haftung. Ein Zeitzeuge verglich die Haftung mit der einer Bananenschale. Im Prinzip waren sie vor allem eins: günstig in der Herstellung.

Unfälle untergruben die gerade erst aufgekommene Popularität. Es gab sogar einige Tote zu verzeichnen. Die Empörung in der Bevölkerung war derart groß, dass immer wieder zu einem Boykott aufgerufen wurde. Die American Medical Association ging noch weiter und nannte das Skateboard die „neue medizinische Bedrohung in Amerika". Der Sport wurde als „unsicher" gebrandmarkt und während die Beach Boys ihr 12millionstes Album verkauften, statteten Polizisten dem Einzelhandel Besuche ab und forderten, den Verkauf von Skateboards einzustellen. Firmen wie Makaha oder Vita Pakt verloren Unsummen wegen stornierter Weihnachtsbestellungen. Skateboarding ging in den Winterschlaf und nur wenige Skater blieben dabei.

„Clay wheels“ mit offenem Kugellager …

Frank Nasworthy und die Urethanrolle

Bis Mitte der 1970er blieb Skateboarding im Untergrund. Larry Stevenson erfand zwar 1969 das Kicktail und versuchte den Sport damit wieder zu popularisieren. Doch obwohl seine Erfindung das Skateboard erst richtig manövrierfähig machte und später den revolutionären Ollie und viele andere Tricks ermöglichte, blieb das Kicktail zunächst folgenlos. Denn immer noch litt Skateboarding unter dem herben Rückschlag von 1965. Nur an vereinzelten Spots wie in Santa Monica hielten sich Skateboarder hartnäckig. Erst eine weitere Erfindung löste einen neuen Boom aus. Die Urethan-Rolle, ursprünglich nur eine Neuerung auf dem Rollschuhmarkt, brachte zum ersten Mal „grip“ auf die Straße. „Es war wie ein Umstieg von Lada auf Lexus“, schreibt ein Zeitgenosse über das neue Fahrgefühl.

… und mit Blende …

Der Surfer Frank Nasworthy hatte in einem Rollerskatesshop Urethanrollen gefunden und anstelle der Plastikrollen an sein Board montiert. Begeistert vom revolutionären Fahrgefühl setzte der ehemalige Technik- und Designstudent alles daran, seine eigene Rollenfirma ins Leben zu rufen. 1972 war Cadillac Wheels geboren, Nasworthy machte sich an die Vermarktung, die aber nicht einfach war. Der Skateboardmarkt war konservativ und kaum existent. Die wenigen Händler, die noch übrig waren, zeigten sich von der Erfindung nicht begeistert – kosteten die neuen Rollen doch ganze acht Dollar, ein Preis, zu dem man damals ein komplettes Board erstehen konnte. Ein Jahr und etliche verschenkte Rollensets später setzte der Boom mit einem Mal ein. Cadillac Wheels waren der Renner und brachten Skateboarding wieder ins Bewusstsein der Masse. Man kann den enormen Einfluss der neuen

… Urethanrollen heut

Rollen auf die Entwicklung kaum überschätzen. Skateboarding war wie neu geboren. Stacy Peralta, einer der herausragenden Skateboarder der 1970er Jahre und Regisseur des Kultfilms „Dogtown and Z-Boys“, sagt: „Diese Erfindung war revolutionär, sie brachte eine ganze Bewegung hervor. Skateboarding wäre heute nicht das, was es ist, es würde gar nicht existieren.“

Der zweite Boom

Und es ging weiter. Hersteller wie Bennett oder Tracker fertigten Achsen speziell für den Skateboardmarkt und wieder schossen überall Boardfirmen aus dem Boden. Jeder wollte etwas von dem riesigen Kuchen abbekommen. Durch den neuen Absatzmarkt waren auch die Möglichkeiten für neue Ideen gegeben. Road Rider kam 1975 mit den ersten Präzisionskugellagern auf den Markt. Die Ära der losen Metallkügelchen war vorbei. Auch die Medien wurden von der neu entfachten Begeisterung angesteckt, Skateboardmagazine wurden ins Leben gerufen und schon bald folgten weitere Fachzeitschriften. Die Fahrernamen, die man sich in den frühen 1970er Jahren merken musste, waren Russ Howell, Bruce Logan oder Tom Sims. Skateboarding war wieder zu einem Massenphänomen geworden. Der erste Outdoor-Skatepark entstand 1976 in Florida, es folgten Hunderte in ganz Amerika.

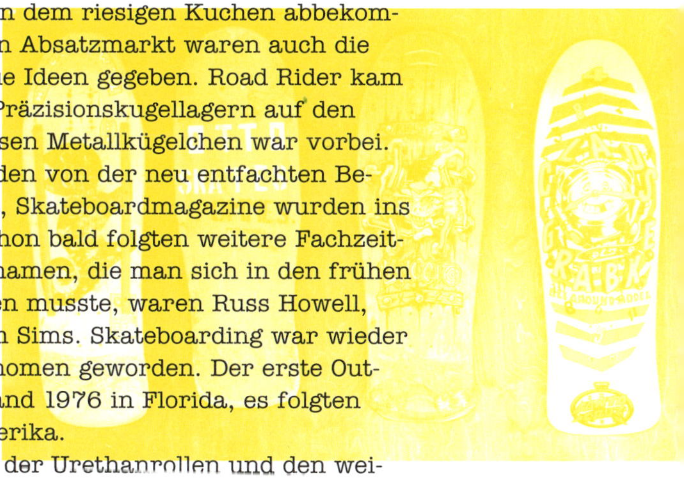

Mit dem neuen Grip der Urethanrollen und den weiterentwickelten Boardshapes schlug Skateboarding nun auch langsam den Weg in die Vertikale ein. Poolskaten kam im großen Stil auf, sowohl in echten als auch in nachgebauten Schwimmbecken. In Marina del Rey, Del Mar oder im Oasis Skatepark wurden Frontside und Backside Grinds gemacht, der Rock 'n' Roll erfunden und niedrige Airs geflogen. Und dieses Mal zog auch das Material nach. Die Boards passten sich in der Form an das neue Terrain an. Sie wurden länger und breiter und hatten dadurch mehr Stabilität. Slalom, Downhill und Freestyle waren die wichtigsten Disziplinen zur damaligen Zeit und Millionen Aktive versuchten darin ihr Bestes.

1. Roller Derby Board, 1960 – eine der ersten Massenproduktionen. Metallrollen und starre Achsen waren der Standard.

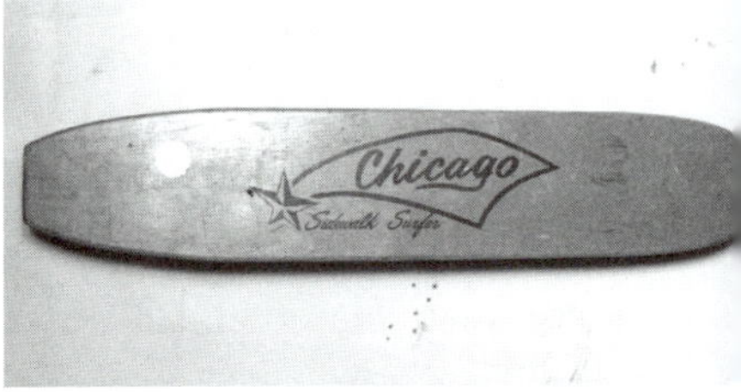

2. Chicago Sidewalk Surfer, ca. 1960. Zu dieser Zeit fuhr ma ohne Griptape und natürlich barfuß!

History

5. No-Name-Board mit lenkbaren Achsen und „clay wheels" aus dem Jahr 1965 – wegen der schlechten Haftung ging es zu dieser Zeit abwärts.

6. 1975er No-Name-Board mit Griptapestreifen und den ne Urethanrollen.

9. Seestern Surf Flyer Board, Made in Great Britain, 1977.

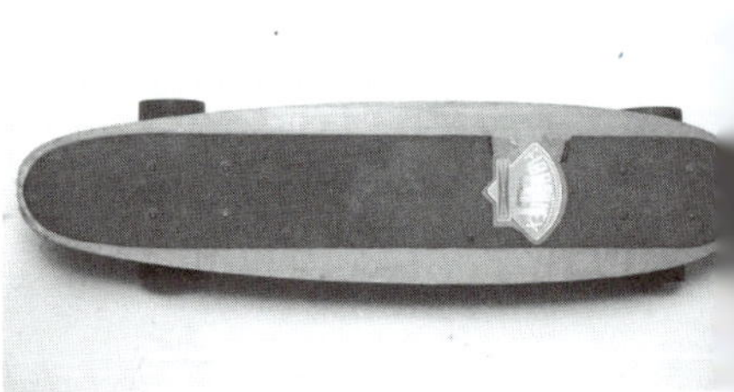

10. G&S Fibreflex Team Deck – erstmalig mit Kicktail und natürlich mit Griptape, 1978.

ash Sidewalk Skateboard, ca. 1960. Topstreifen und Form nern hier noch stark an Surfboards.

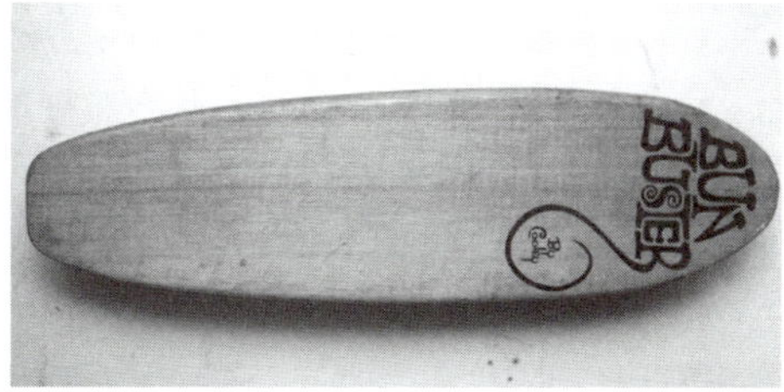

4. Cooley Bun Buster Model, 1965. Da noch kein Griptape in Sicht war, wurden Boards stets oben statt unten verziert.

Boardshapes

; wurde viel mit Formen und Materialien experimentiert. es Banzai-Board von 1976 ist aus Aluminium.

8. Ein Plastikboard aus England, Modell Skuda von 1976.

as G&S-Board von unten: mit Bennett Trucks und Sims els.

12. Lance Mountain Junior, 1989. Mit transparentem Griptape und typischer 1980er-Jahre-Form.

Rebel Yell: Die legendären Z-Boys

Doch nicht allein das Material und die Tricks veränderten sich in den 1970er Jahren. Skateboarding war nicht mehr nur ein Sport, eine populäre Massenbewegung, sondern auch eine Einstellungssache. Asphaltsurfen entwickelte sich zu einer Subkultur, die radikale und rebellische Züge annahm. Beeinflusst von der Surfszene und später auch von der Punkrockszene wuchs eine „aufrührerische“ Seite heran, die sich bis heute erhalten hat und die für den besonderen Flair des Skateboarding sorgt.

Jay Adams auf dem Cover der Dokumentation „Dogtown and Z-Boys“

Verantwortlich für diese Entwicklung waren vor allem die „Z-Boys“, eine Gruppe Jugendlicher, die in Venice Beach aufwuchsen und durchs Surfen zueinander gefunden hatten. Sie kamen aus zerrütteten Familien, lebten mehr oder minder in Armut und hatten vor allem eins im Sinn: Surfen. Und zwar am heruntergekommenen und verlassenen Pacific Ocean Park Pier (P.O.P.), der wie eine Geisterstadt auf Pfeilern ins Meer ragte. Die Dogtown Crew teilte sich diesen Platz mit Pennern, Drogendealern und anderen Gestalten, die abseits der Öffentlichkeit lebten. Ursprünglich war der P.O.P. ein Vergnügungspark gewesen, aber die Pforten waren geschlossen und der Pier rottete nun vor sich hin. Das Surfen an diesem Spot war nicht nur wegen der exklusiven Gesellschaft gefährlich. Die Betonpfeiler und andere Überreste waren Teil des Adrenalinkicks. Wer eine Welle falsch erwischte, konnte leicht in Lebensgefahr geraten.

Skateboarding war für die Crew zunächst ein Zeitvertreib bei schlechtem Wellengang. Mit improvisiertem Material schlugen sie die Zeit tot – bis im Jahr 1972 der Jeff Ho & Zephyr Production Surfshop seine Pforten öffnete. Der Shop wurde einerseits zu einem zentralen Treffpunkt und Zufluchtsort für die Surfer, darüber hinaus formierte Skip Engblom, einer der Besitzer, ein Skateteam. Und noch ein Faktor war entscheidend: die Urethanrolle. Durch die neuen Möglichkeiten verschob sich der Fokus der Dogtown Boys mehr und mehr auf

Skateboarding. Mit ihrem surfinspirierten Ansatz stellten sie den Sport auf den Kopf. Eine Stilrevolution vollzog sich. Sie fuhren aggressiv, geduckt und ahmten neue Surftechniken auf dem Asphalt nach. Mit ihren Händen schliffen sie über den Asphalt, wie ein Surfer die Welle berührt. Ihre schnellen, zackigen Moves waren meilenweit entfernt von dem, was andere Skater zur damaligen Zeit machten. „Es ging darum zu cruisen, den Surf-Style auf die Straße zu bringen und radikal und aggressiv zu sein", kommentiert der Fotograf Glen E. Friedman, der die Jungs durch seine Bilder unsterblich machte. Obwohl sie mit ihrem Skaten später auch kommerziellen Erfolg hatten, lag die große Kraft der Z-Boys darin, dass sie es für sich selbst taten. Es gab zunächst kaum Sponsorships oder Ähnliches, keine astronomischen Preisgelder, von denen man hätte leben können. „Man hatte überhaupt keine Wahl", erinnert sich Friedman, „man musste das, was man tat, hundertprozentig wollen."

Ihren ersten großen Auftritt hatte die Crew bei den Bahne-Cadillac Championships 1975. Die zwölfköpfige Gang um Jay Adams, Stacy Peralta, Shogo Kubo und Co. krempelte auch den Wettbewerbssport völlig um. Während die Mitbewerber balletähnliche, weiche Bewegungen vorführten, carvten und slashten die Jungs aus Dogtown aggressiv über den Parcours. Tony Alva war der Star der Truppe. Der „Mad Dog" stand im Zentrum des Medieninteresses und gilt bis heute als erster Fahrer, der mit einem Air über die Kante eines Pools kam. Skateboarding machte sich in die dritte Dimension des Terrains auf.

Doch bereits 1976 verließen einzelne Mitglieder das Team und am Ende blieb nicht mehr viel übrig von den Z-Boys. Ruhm, Geld und Drogen hatten ihre Wirkung gezeigt und Freundschaften zerstört. Sie waren Rockstars und folgten vielleicht dem für Rockstars vorgegebenen Weg. Nach dem Bruch ging es weiter bergab. 1978 wurde „Dogtown" bereits zu einem Markennamen. In den Augen der Insidern starb damit vor allem: der Spirit der Gang. Aber eins blieb erhalten: Der radikale

Links: Alan Gelfand, der Erfinder des „Ollie“

Rechts: Brad Bowman, 1980

und aggressive Style hatte Skateboarding von Grund auf verändert. Erst in den späten 1990er Jahren erlangten die bis dahin fast vergessenen Z-Boys wieder großes Medieninteresse. Ein Artikel im Spin Magazine führte zu Stacy Peraltas preisgekrönter Dokumentation „Dogtown and Z-Boys“ (2001) und schließlich zum Hollywoodstreifen „Lords of Dogtown“ (2005).

Fliegen lernen

Und noch ein weiteres Ei des Kolumbus wurde in den 1970er Jahren entdeckt. Alan Gelfand erfand 1976 den legendären „Ollie“. Und dieser Trick sollte Folgen haben. Zum ersten Mal war ein Skater gesprungen, ohne dabei seine Hände zu benutzen. Ein Air, ausgelöst einzig und allein durch die Sprungkraft des Fahrers und eine geschickt ausgeführte Technik, die die Hebelwirkung des Tails ausnutzt. Selbstverständlich baute auch diese Weiterentwicklung wieder auf Materialneuerungen auf. Sogar auf zweien: dem Kicktail und dem Griptape. Ohne Ersteres gäbe es keine Hebelwirkung, ohne Letzteres keine Haftung. Der Trick hatte in einem Pool stattgefunden, aber dort blieb er nicht. Der Freestyler Rodney Mullen übertrug ihn auf ebenen Untergrund und sorgte damit für die wichtigste Vorraussetzung des Streetskating – auch wenn er seiner Zeit um fast ein Jahrzehnt voraus war.

Hiermit war jedenfalls das Fundament gelegt, um später Stufen, Treppengeländer, Bänke und vieles mehr nutzbar zu machen. „Ein Ollie vergrößert das Terrain, das man fahren kann ums Hundertfache", schrieb das Transworld Skateboard Magazine im Jahr 1988. Noch heute gilt der Ollie als der wichtigste Trick im Skateboarding und ist für die meisten Anfänger der erste große Schritt in ihrer Entwicklung. Das Oxford English Dictionary nahm „ollie" sowohl als Verb wie auch als Substantiv auf. Trotzdem schließen die wenigsten zeitgenössischen Skateboarder vom Tricknamen auf seinen Erfinder Alan „Ollie" Gelfand. Gelfand selbst versuchte seine Urheberrechte an diesem Trick vor kurzem sogar auf rechtlichem Weg einzufordern. Er verklagte mehrere Firmen, unberechtigterweise seinen Namen für ihre Produkte benutzt zu haben: Sega hatte ein Spiel mit dem Namen „Ollie King" auf den Markt gebracht, ein Surfshop verkaufte „Ollieboards" und Disney vermarktete ein Skateboard-Adventure-Spiel, das unter anderem in „Olliewood" stattfand.

Skateboarding in Deutschland

Skateboarding spielte sich in den 1970er Jahren zunächst hauptsächlich in den USA ab. Die ersten Boards kamen erst Mitte des Jahrzehnts durch Angehörige der US-Army nach Deutschland. Eine frühe Szene entwickelte sich vor allem im süddeutschen Raum. Alles scharte sich damals um Lullu Magnus, selbst aktiver Skateboarder und seines Zeichens Vorsitzender des Dachverbands der deutschen Skateboardfahrer. München war daher der Nabel der Szene. Von der Isar kamen die besten Fahrer und dort entstanden auch die ersten Skateparks. Sogar Skateboardmagazine erschienen, wenn auch nur über einen kurzen Zeitraum.

Monster Skateboard Magazine, 1983

Schon 1978 schien Skateboarding wieder verschwunden zu sein und auch die Magazine hatten das Zeitliche gesegnet. Der Dachverband wurde aufgelöst und machte Platz für den Deutschen Rollsportbund. Anfang der 1980er Jahre war die Szene scheinbar so gut wie tot. Schuld daran war die allgemeine Entwicklung, aber auch ein weiterer Trend, der die Abwanderung auslöste: Rollerskating. Der Fokus der Szene verlagerte sich daraufhin vom Süden in den Norden. Die Rolle, die Lullu Magnus an der Isar gespielt hatte, nahm nun Titus Dittmann in Münster ein. Titus importierte nach einem USA-Aufenthalt Boards und sorgte für eine erneute explosionsartige Entwicklung. Er veranstaltete 1982 das erste Münster Monster Mastership, das über die Jahre von einer Parkplatzveranstaltung zu einem riesigen Event heranwuchs. Im gleichen Jahr fing er an, das Monster Skateboard Magazine herauszugeben, das als zweitältestes Skateboardmagazin der Welt nach dem Thrasher Magazine Geschichte geschrieben hat.

Die 1980er Jahre

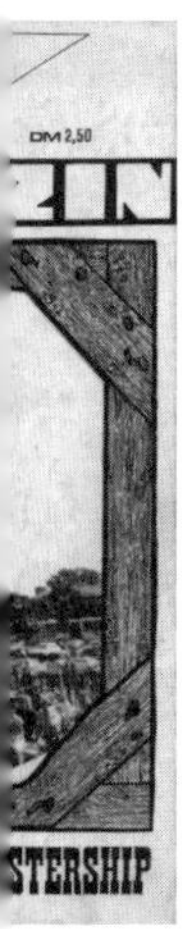

Die 1980er Jahre brachten eine weitere Umbruchphase im Skateboarding mit sich. Zunächst experimentierte man mit neuen Materialien – Fiberglas, Holz, Aluminium und Plexiglas. Die Boards wurden insgesamt noch ein wenig breiter als in den 1970er Jahren und Poolskating war populärer denn je. Man flog mit den Airs bis über Copinghöhe. Der Sport wurde damit ein gutes Stück spektakulärer, aber die neuen Höhen und Stunts machten Skateboarding zugleich auch gefährlicher. Als indirekte Folge schlossen viele der bombastischen und erst vor wenigen Jahren eröffneten Parks schon 1980 wieder ihre Pforten. Die Versicherungen waren unerschwinglich geworden. Mit dem Skateboarding ging es zwangsläufig steil bergab.

Christian Seewald Pro Model, „Style vs. Ollies", 1990

Und wieder einmal kam die Talfahrt so plötzlich, dass Hersteller herbe Verluste wegen ausbleibender Bestellungen zu verbuchen hatten. Die Popularität war dahin und die meisten Fahrer suchten sich ein neues Hobby. Skateboarding hatte an Anziehungskraft verloren, nicht nur wegen der schwindenden Skateparks. Dort, wo man noch fahren durfte, war man nicht nur gezwungen, Eintritt zu zahlen, man musste auch Schutzausrüstung tragen. Alles wurde Regeln und Gesetzen unterworfen, Grenzen wurden gezogen. „Man versuchte, die rohe Energie einzupferchen, sie kontrollierbar

Uli Niewöhner,
Sweeper, 1983

zu machen“, kommentiert Glen E. Friedman den Übergang von den 1970er zu den 1980er Jahren. Durch den „Poolschwund“ waren außerdem weltweit viele Skater verunsichert. Denn: wo sollte ein Poolfahrer auch fahren, wenn sein bevorzugtes Terrain auf einmal weg war? Streetskating war zwar grundsätzlich existent, jedoch nicht als ernsthafte Disziplin. Der Weg nach unten nahm weiter seinen Lauf. Das amerikanische Skateboardmagazine wurde 1980 in Action Now umbenannt und behandelte ab dem Zeitpunkt neben Skateboarding auch BMX-Fahren und andere Trendsportarten der damaligen Zeit. Nur ein harter Kern blieb dem Skateboarding treu.

Da die Parks geschlossen waren, fingen die Skater an, sich nach und nach ihre eigenen Rampen zu bauen. In den Hinterhöfen Amerikas entstanden die sogenannten „backyard ramps“. Dadurch wurde die Halfpipe mit der Zeit zur dominierenden Disziplin im Skateboarding der 1980er Jahre und das Streetskating konnte nur langsam Fuß fassen. Das spektakuläre Halfpipefahren verschaffte dem Skateboarding einen weiteren Aufschwung. Während Rodney Mullen im Freestyle über das komplette Jahrzehnt die Wettbewerbe dominierte, wurden die Vertfahrer zu regelrechten Rockstars. Tony Hawk, Christian Hosoi, Mark „Gator“ Rogowski, Lance Mountain und einige andere waren die Ikonen der Zeit.

Einige verdienten weit über 10.000 Dollar im Monat, und die Lizenzeinnahmen für Boards sowie die Preisgelder auf den Wettbewerben stiegen und stiegen. Der Markt wurde wieder einmal überschwemmt mit neuen Herstellern, aber dominant blieben dabei in erster Linie einige wenige: Powell Peralta, Santa Cruz als Boardfirmen sowie die Schuhbrands Airwalk, Vans und Vision. In Deutschland dominierte weiter Titus den Markt: 1984 hatte er die T.D.G. Distribution gegründet und importierte beinahe ohne Konkurrenz weiterhin sämtliches Zubehör aus Amerika.

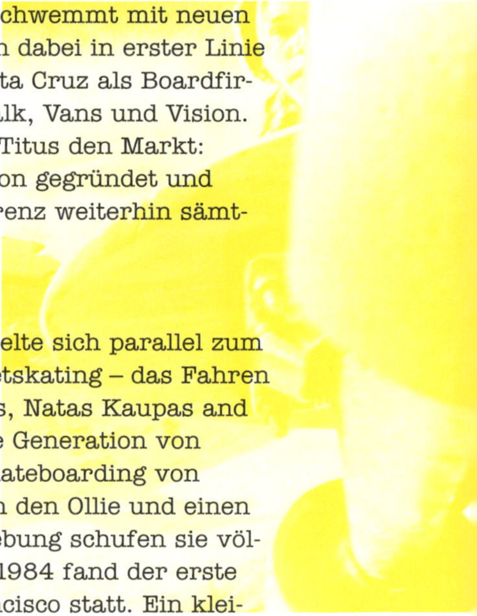

Die urbane Erschließung

Doch langsam aber sicher entwickelte sich parallel zum Skaten in der Vertikalen das Streetskating – das Fahren auf der Straße. Mit Mark Gonzales, Natas Kaupas and Tommy Guerrero rückte eine neue Generation von Streetfahrern ins Blickfeld, die Skateboarding von Grund auf verändern sollte. Durch den Ollie und einen kreativen Umgang mit ihrer Umgebung schufen sie völlig neue Möglichkeiten. Aber erst 1984 fand der erste Streetcontest der Welt in San Francisco statt. Ein kleiner Kreis von Fahrern erprobte dort die neue Spielart mit nachempfundenen Straßenelementen und Jumpramps und hatte Spaß dabei. Noch ahnte man nicht, dass Streetskating die Zukunft gehören sollte.

Im Monster Skateboard Magazine von 1985 wird die neue Disziplin so beschrieben: „Neu und erstmalig war in Oceanside Streetstyle zu sehen. Mit wenigen Mitteln lässt sich jede freie Fläche in einen Wettkampfort verwandeln. Bordsteine, ein Autoreifen, eine große Kabelrolle, ein Tisch mit Auffahrtrampe und schon kann es losgehen. Eins steht fest: Diese Disziplin hat Zukunft! Das nächste Mastership wird mit Sicherheit auch im Streetstyle ausgetragen werden.“ Und so war es dann auch. Streetskating wurde zunehmend beliebter, denn man konnte es ohne große Mühe nachempfinden. Während in der Halfpipe 720°s gesprungen wurden und die letzten Züge des großen Booms der 1980er Jahre ausgekostet wurden, schafften die Streetskater beinahe un-

Anzeige für die Skatecompany „Blind", 1992

bemerkt einen Quantensprung: Die urbane Landschaft wurde Schritt für Schritt erschlossen. Skateboarder wurden zu Guerillas, die aus ihrer kalten Umgebung etwas völlig Neues herausholten. Der kreative Umgang mit Dingen, die von anderen übersehen werden, definierte Streetskating. C.R. Stecyk schreibt treffend: „Die einzige Zuflucht in einer Gesellschaft, die stagniert, und einer Welt, die sich selbst zerstört, ist die Verrücktheit. Und die Fähigkeit, sich aus vorgegebenen Umständen das nehmen zu können, was man will und den Rest wegzuwerfen." Streetskating war mehr denn je „skate and destroy". Der Skater als der „Hacker" der Großstadt, der sich seinen eigenen Code aus den städtischen Versatzstücken zusammenbaut. Oder wie das Thrasher Magazine 1997 ausrief: „Find it, grind it and leave it behind."

Steve Caballero, Handplant, 1981

1990: Die Welle bricht

Die 1990er Jahre brachten schließlich die Wende. Die langen Zöpfe der großen Stars der 1980er Jahre wurden endgültig abgeschnitten. Je mehr der urbane Flair angesagt war, desto „uncooler" wurde Vertskating. Je weiter Leute wie Matt Hensley, Mark Gonzales, Natas Kaupas, Frankie Hill, Ray Barbee und Jason Lee in den Vordergrund rückten, desto schwerer wurde es für die alte Halfpipe-Garde. Gator, Steve Caballero, Lance

Mountain, Mike McGill und all die anderen traten in den Hintergrund. Ein Generations- und zugleich Paradigmenwechsel war überfällig. Einige der ehemaligen Rockstars der Vertszene erlebten dabei tiefe Abstürze und hatten Probleme, ihr Leben in den Griff zu bekommen. Christian Hosoi zum Beispiel wanderte wegen Drogenbesitzes in den Knast. Doch am wenigsten verkraftete Mark „Gator“ Rogowski als ehemaliges Idol die Veränderungen. Auf Alkohol und Drogen folgte eine Vergewaltigung mit Todesfolge, die für ihn ein Leben hinter Gittern bedeutet.

Rodney Mullen, Ollie Grab, 1991

Skateboarding erlebte damit einen weiteren Tiefpunkt – nicht nur wegen des weniger publikumswirksamen Streetskatings, sondern auch wegen einer allgemeinen wirtschaftlichen Rezession. Sie war nicht ganz so groß wie die in den frühen 1960ern und späten 1970ern, aber viele Hersteller erlebten herbe Dämpfer. Skateboarding verlor an Popularität und hatte wieder einmal Konkurrenz bekommen: diesmal die Rollerblader. Das öffentliche Augenmerk driftete langsam ab und erneut blieb der harte Kern der Szene bestehen und konnte sich austoben. Dabei allen voran: Steve Rocco. Der ehemalige Freestyler gründete zuerst Santa Monica Airlines und dann World Industries und machte sich mit kreativen Konzepten und einem Kleinkrieg mit den etablierten Firmen einen Namen. Steve distanzierte sich von den üblichen Totenkopfdesigns der Zeit und brachte Humor in die Szene – sowohl in Form von Werbungen als auch in Form von Boardgrafiken. Ob Rip-Offs großer Firmen, Pornografie oder Persiflagen anderer Marken, Rocco machte vor nichts halt. Bei einer Veranstaltung erschien er in einem Hubschrauber und warf Geldscheine ab. Der Repräsentant der „kleinen“ Firmen, die Powell, Vision und Co. den Kampf angesagt hatten, ironisierte sich auch selbst.

Auf dem Board zeigte sich in der Zeit dieselbe Kreativität – vielleicht die frischeste der letzten zwanzig Jahre. Skateboarding wurde technischer und innovativer. Freestyle starb praktisch aus und schon bald konnte man nicht einmal mehr das entsprechende Material erwerben. Die technischen Skills der Freestyler wurden von der neuen Streetgeneration absorbiert, übernommen und übertragen. Jedes Jahr erschienen neue Skateboardvideos, die entscheidend zur raschen Entwicklung beitrugen. Es galt, die Messlatte anzuheben – ein ums andere Mal. Das wahrscheinlich prägendste Video aller Zeiten kam 1992 auf den Markt: „Video Days“ von Blind. Jason Lee, Mark Gonzales und der damals erst 14jährige Guy Mariano zeigten, dass Streetskating nicht nur allein aus technischem Fortschritt bestand, sondern auch Style hatte. Rodney Mullen schaffte gleichzeitig den Sprung vom Freestyle zum Streetskating und zeichnete mitverantwortlich für den Übergang von der „old school“ zur „new school“. Schließlich waren es von ihm erfundene Tricks, die Streetskating nun dominierten – Kickflips, 360° Flips, Shove-its und viele andere. Keiner hat mehr zum modernen Streetskating beigesteuert als Rodney, der Altmeister des Freestyle.

Big Pants, Small Wheels

Ein wichtiges Element im Wandel der frühen 1990er war auch die Verbindung zur Musik. Skateboarding wurde nicht mehr ausschließlich vom Punkrock geprägt, sondern zeigte eine Nähe zum Hip-Hop. Diese Verknüpfung sollte sich in unterschiedlichen Facetten äußern – in der Einstellung, in der Kleidung und auch in den Tricks. Skateboarding war nicht mehr nur aggressiv, sondern technisch, flippig und „fresh as hell“. Die Hosen wurden weiter, die T-Shirts länger und eine Baseball Cap gehörte in jeden gut sortierten Kleiderschrank eines Skaters. In den frühen 1990ern wurde diese Ausrichtung derart auf die Spitze getrieben, dass man heute von der „Big Pants, Small Wheels“-Zeit spricht. Mit Rollen, die nur noch ein Hauch von Urethan über den Kugellagern waren und Hosen, die in ihrer Breite schon fast die damals üblichen Retro-Sneaker überdeckten, ging Streetskating in die experimentelle Flip-Phase. Der damalige Trend, der in den Videos der Firma New Deal am deutlichsten zu sehen ist, brachte viele bis heute

Danny Way,
Helicopter Drop,
1997

aktuelle Tricks hervor, führte aber auch dazu, dass ein beträchtlicher Anteil der Skateboarder sich zurückzog. Zu statisch, zu technisch und zu kompliziert war der Sport in den Augen vieler geworden. Die Videos der Zeit belegen, wie langsam und wenig spektakulär Skateboarding sich präsentierte. Was aber fraglos vorhanden war, war Kreativität. Die meisten Tricks, mit denen Skateboarder heute an ihre Grenzen gehen, wurden damals im Gehsteigexperiment getestet. Der Trend war schnell beendet und Skateboarding in einer schnelleren, spektakuläreren Variante wieder auf dem Weg zum Medienhype.

Wiedergeburt

Und nicht nur Streetskating wandelte sich. Halfpipeskaten entwickelte sich parallel dazu mit. Vor allem die Vertskater Danny Way und Colin McKay verstanden es als erste, die beiden Welten miteinander zu kombinieren und die virtuelle Grenze zwischen den Disziplinen aufzuheben. In der Vertikalen wurden auf einmal anspruchsvolle Fliptricks gemacht, die ein paar Jahre zuvor noch auf der Freestyle-Fläche zu sehen waren. Ebenso konnte man verfolgen, wie die neue Generation von Vertfahrern technisches Curb- und Ledgeskaten auf die großen Rampen übertrug. Switch Tailslides und Kickflip Frontside Noseslides fanden nicht mehr nur an

Bänken und Blumenkübeln statt. Das neue Halfpipefahren war anspruchsvoll und spektakulär zugleich. Im selben Atemzug wurde Streetskating extremer. Riesige Stufensets und Treppengeländer wurden „erobert" und der Begriff „Stunt" war zum ersten Mal wirklich angebracht. Beide Entwicklungen hatten letzten Endes zur Folge, dass Skateboarding stärker als je zuvor den Weg in die Medien schaffte. Seit 1995 überträgt ESPN2 die X-Games, die Skateboarding in beiden Disziplinen einer breiten Öffentlichkeit nahe bringen. In sportlicher Hinsicht wurden die Grenzen auch in der Halfpipe immer weiter verschoben. Danny Way verschaffte sich mehrere Einträge ins Guiness Buch der Rekorde, indem er zunächst 1997 auf seiner „Super Ramp" einen Höhenrekord aufstellte und von einem Helikopter in selbige sprang. 1999 war dann das Jahr der großen „9": Tony Hawk landete zum ersten Mal den 900°, ein Trick, den er und andere schon seit Anfang der 1990er Jahre probiert hatten. Sogar USA Today berichtete: „Hawk lands historic skateboard trick." 2002 legte Danny die Messlatte noch höher und stellte zwei bis heute bestehenden Rekorde auf: weitester Air (22,8 m) und höchster Air (7,1 m). Und 2005 ging es weiter: Danny überfliegt mit dem Board die Chinesische Mauer und macht ein Jahr später einen 8,4 m Bomb Drop von der überdimensionalen Gitarre vor dem Hard Rock Café in Las Vegas.

Skateboarding wird nie aufhören, sich weiterzuentwickeln, aber es scheint, als sei Mitte der 1990er Jahre die experimentelle Phase abgeschlossen. Ob Boardshapes, Schuhe oder Tricks, die Zeit der großen Veränderungen ist vorüber – nicht aber die Faszination des Skateboarding.

menfassung

Anfang des 20. Jahrhunderts
Rollerskates werden auseinandergenommen und die Rollen an Bretter genagelt. Roller werden durch das Abnehmen der Lenkstange zu Skateboards umfunktioniert. Die Rollen sind aus Stahl.

1950er Jahre
Der erste weltweite Surfboom nimmt seinen Anfang in Kalifornien. Jn ihrer Freizeit experimentieren Surfer mit Skateboards.

Mitte der 50er Jahre
Mitte der 1950er Jahre: „clay wheels“ aus Kunststoff und manövrierfähige Achsen vereinfachen den Sport.

1959
Roller Derby bringt das erste industriell gefertigte Skateboard in die Kaufhäuser.

1963
Larry Stevenson, Herausgeber des Surf Guide Magazine, ruft die Firma Makaha ins Leben, baut ein Showteam auf und organisiert Contests. Der erste Skateboardwettbewerb findet in Hermosa, Kalifornien, statt.

1964
Die Surflegende Hobie Alter startet Hobie Skateboards.

1965
Die amerikanische Gesundheitsbehörde stuft Skateboarding als „gefährlich" ein und unterbindet den weiteren Verkauf von Material. Verantwortlich sind vor allem „clay wheels“.

1970
Larry Stevenson erfindet das Kicktail. Boards werden damit manövrierfähiger.

1973
Frank Nasworthy bringt mit Cadillac Wheels die Urethanrolle für Skateboards auf den Markt und verhilft damit dem Sport zum Comeback.

1975
Der erste Outdoor-Skatepark wird in Florida gebaut. Die Z-Boys erscheinen zum ersten Mal auf einem Contest.

1977
Alan Gelfand erfindet den Air ohne Grab: den Ollie. Er ist die Voraussetzung für das moderne Streetskating. Skateboarding findet die ersten Verknüpfungspunkte mit der Punk- und New Wave-Musikszene.

1978
„Dogtown“ wird ein offiziell eingetragener Markenname.

Anzeige für „Cadillac Wheels“, 1975

1980
Pools werden immer populärer.

1981
Das Thrasher Magazine wird ins Leben gerufen. Rodney Mullen erfindet den Kickflip.

1982
Tony Hawk gewinnt seinen ersten Contest. Das Monster Skateboard Magazine wird gegründet. Das erste Mastership findet als Parkplatzveranstaltung in Münster statt.

1983
Die Marken Santa Cruz, Powell und Tracker bestimmen den Markt. Der erste Streetcontest findet statt. Transworld Skateboarding Magazine kommt an die Kioske.

1984
Titus gründet die T.D.G. Distribution. Boards bekommen einen „Noselift“.

1985
Powell bringt mit der „Bones Brigade Video Show“ das erste Skateboardvideo auf den Markt. Mike McGill erfindet den McTwist, einen 540° Air. „Zurück in die Zukunft“ kommt mit allerlei Skateboard-Action in die Kinos.

1986
Gonz und Natas sliden das erste Handrail.

1987
Tony Hawk macht den 720°.

1989
Erste Jnline-Skates werden unter dem Namen „Rollerskis“ beworben. Der Hollywoodfilm „Gleaming the Cube“ kommt in die Kinos. Mit dabei: Tony Hawk, Mike McGill und Co.

1991
Rodney Mullen tauscht sein Freestyleboard gegen ein Streetboard. Eine weltweite Rezession macht auch vor Skateboarding nicht halt.

1992
Big Brother Magazine kommt auf den Markt und bringt frischen Wind.

1995
ESPN 2 überträgt in Amerika die X-Games. Skateboarding erreicht damit den Mainstream.

1997
Skateboarding ist laut einer Studie des US-Händlerverbandes NSGA mit +35% der Wachstumssport Nr. 1 in USA. Danny Way springt von einem Helikopter in eine Halfpipe. Das Mastership hat offiziell den Titel „Skateboard-Weltmeisterschaft“.

1999
Das Mastership wird in die Dortmunder Westfalenhalle verlegt. „Tony Hawk's Pro Skater“ kommt auf den Markt und entwickelt sich zu einem der erfolgreichsten Spiele aller Zeiten.

2002
Danny Way macht den längsten (22,8 m) und den höchsten (7,1 m) Air.

2003
Die ersten Woodshops für die Skateboardherstellung werden in China eröffnet. Das USA-Monopol ist damit gebrochen – ein Skandal.

2005
Das Mastership kehrt wieder zurück nach Münster. Danny Way springt mit dem Skateboard über die Chinesische Mauer.

Pros / Bios

Bastien Salabanzi

Jürgen Horrwarth

Tony Hawk

Bastien Salabanzi

Bastien Salabanzi hat schon mit zwanzig Jahren alles erreicht, was ein Skateboarder sich wünschen kann: er ist dreimaliger Weltmeister und hat einen festen Platz in den prestigeträchtigsten Teams. Nebenbei beweist er der ganzen Welt, dass man technisches Streetskaten eben doch mit der Präzision eines Uhrwerks umsetzen kann.

Wenn man als Skateboarder in den USA Erfolg haben will, sollte man sich vorab einen leicht auszusprechenden Namen zulegen. Man will ja nicht, dass es einem so geht wie Wieger van Wageningen (Wieger van Who?), der die zehn Buchstaben seines Nachnamens schon in jeder Reihenfolge gesehen hat. „Bastien Salabanzi" ist ein guter Name, denn er funktioniert in jeder Sprache. Trotzdem wird aus dem Vornamen gerne mal „Bastard" und der ganze Kerl, mehr oder weniger folgerichtig, „French Bastard" genannt. Warum? Aus Neid, dass er so verdammt gut Skateboard fährt!

Bastien ist nicht umsonst der „Bastard". Er polarisiert – und zwar aus Leidenschaft. Die Skatelegende Salman Agah brachte es einmal auf den Punkt: „Bastien ist der Muhammed Ali des Skateboarding. Wer ihn nicht mag, ist neidisch, weil er der Beste ist." Vielleicht hat er sich von dem großen Boxer sogar ein paar Dinge abgeschaut, nicht nur das Siegen. Gerüchten zufolge raunt er seinen Mitstreitern zu, dass sie keine Chance gegen ihn hätten. Einmal, als er wegen einer Verletzung nicht teilnehmen konnte, habe er zum Sieger gesagt: „Wenn ich mitgefahren wäre, hätte ich sowieso gewonnen." Verbales Tackling kennt man von anderen Sportarten, im Skateboarding ist so etwas so gut wie unbekannt.

Bastien polarisiert die Fahrer – und vor allem das Publikum. So wurde er beim Mastership in Dortmund. 2000 und 2001 noch von der Menge vergöttert: der jüngste Fahrer, der je das Mastership gewann, der Underdog aus dem französischen Ghetto, der flippige Hip-Hopper mit den fetten Kopfhörern. 2003 dagegen wurde er von Hunderten ausgebuht. Es reichte, dass

Bastien keinen Blickkontakt mit seinem Publikum aufnahm, nicht hunderprozentig an die früheren Leistungen anknüpfen konnte und einen seiner Final-Runs einfach abbrach. Er ließ sich nicht lieben und dafür wurde er gehasst. Bastien selbst hat Verständnis dafür, sowohl für den Neid anderer Fahrer als auch für die Emotionen des Publikums. „Ich kann das verstehen, da kommt einer mit fünfzehn Jahren und die meisten Pros im Wettbewerb sind Mitte zwanzig … Klar, dass die Hälfte von denen dich mag, und die andere Hälfte dich hasst. Mir ist das egal, wirklich."

Backside 180° Flip

Wer auf Bastien Salabanzi neidisch sein will, kann viele Gründe finden: er ist ein Medien-Magnet, um den sich alle reißen; er fährt für Flip, vielleicht die prestigeträchtigste Firma im heutigen Skateboarding; er produziert bahnbrechende Videoparts am laufenden Band und ist in allen Skatemags der Welt präsent. Im amerikanischen Thrasher Magazine hatte er ein 22-seitiges Interview und damit eines der größten Features, die es je in dieser Publikation gab. Wenn es ums reine „coverage" in den szenerelevanten Medien geht, machen ihm nur wenige Fahrer etwas vor. Obendrein gewinnt er aber auch Wettbewerbe. Diese Kombination ist selten, denn viele foto- und telegene Fahrer wie Mark Appleyard oder P. J. Ladd lassen sich kaum auf Contests blicken. Ein gutes Image und gute Ergebnisse widersprechen sich scheinbar.

Aber ein derart früher Erfolg führt natürlich auch dazu, dass man seine Ziele neu definieren muss. Nicht umsonst gibt es den bekannten Spruch: „Wer alle seine Ziele erreicht hat, hat sie nicht hoch genug gesteckt." Bastien ist realistisch. „Ich will nicht unbedingt mehr. Ich will so bleiben, wie ich jetzt bin. Es ist wirklich schwer, lange Zeit oben zu bleiben." Bastien lässt sich von den „standing ovations", die er bei seinen Contestauftritten bekommt, nicht blenden: „Wenn du gewinnst, freuen sich natürlich alle. Aber wenn nicht, fragen sie, was mit dir los ist. Das ist echt hart." Seine Vorbilder sind diejenigen, die für lange Zeit ihren Status halten konnten. „Jemand wie Koston. Der ist einfach unglaublich, ich weiß nicht, wie er das macht. Man kann viel erreichen, wenn man sich konzentriert, aber die Typen ganz oben, wie Koston oder Andrew Reynolds, sie waren schon immer da und machen einfach weiter. Das respektiere ich."

Und es sieht so aus, als ob es auch für Bastien immer weiter gehen würde. Er gewinnt nicht nur hier und da, er dominiert den Wettbewerbszirkus der Gegenwart. Mit seinen zwanzig Jahren gewann er bereits die bedeutendsten Contests, an denen man teilnehmen kann: die Globe World Championships in Australien, den Tampa Pro Contest oder die Scandinavia Open. In den seltensten Fällen blieb es bei einem einzigen Mal: Er ist dreimaliger Sieger des Dortmunder Masterships – 2000, 2001 und 2003 –, was noch keinem Streetfahrer vor ihm je gelang.

Der „French Bastard" wird gehasst – und geliebt

Sein Geheimnis ist die scheinbar unmögliche Kombination aus technischer Finesse und Sicherheit. Niemand kann so viele Fliptricks so präzise und sicher landen wie der „French Bastard". Sein Trick-Repertoire ist riesig, auch wenn manche Leute das nicht wahrhaben wollen. Und jeder Trick sitzt mit einer Wahrscheinlichkeit von 99,9% beim ersten Versuch. Und das weiß er auch. Als er bei den X-Games einen Kickflip Frontside Boardslide an einem riesigen Treppengeländer machte, fragte ihn sein Teamkollege Tom Penny, ob er denn keine Angst habe: „Was passiert, wenn du den Flip verpasst? Du spießt dich auf!" Bastiens Antwort war mehr als einfach: „Ich verpasse den Flip nicht, das ist alles!" Klingt einfältig, ist aber die Quintessenz sportlichen Erfolgs überhaupt. Sein Vorteil ist die mentale Stärke, er kann das umsetzen, was jeder Sporttrainer seinen Schützlingen beibringen möchte: Das Wichtigste für den Erfolg ist der bedingungslose Glaube an die eigenen Fähigkeiten. Bastien weiß, dass er mit seinen Möglichkeiten alles schaffen kann, was er sich in den Kopf setzt.

Momentan verbringt er fast seine ganze Zeit in den Staaten und findet kaum Gelegenheiten, seine alten Freunde oder seine Familie in Frankreich zu besuchen. Den Unterschied zwischen den zwei Welten sieht er. Er erinnert sich noch gut daran, wie er zum ersten Mal in den Staaten war. „Als ich rüber kam, war ich einfach nur geschockt, wie gut die Leute hier Skateboard fahren. Das Level war nicht normal. Und ich war verwundert, weil man hier einfach täglich irgendwelche Pros sieht." Leute wie Andrew Reynolds oder Geoff Rowley gehörten von diesem Zeitpunkt an zu seinen täglichen Begleitern. „Die Kids in Europa dagegen sehen Pros vielleicht ein oder zweimal im Jahr!"

Das hat auch negative Auswirkungen, findet er: „In Kalifornien wollen die Kids einen Sponsor, bevor sie überhaupt angefangen haben zu skaten. Klar, wenn man es schafft, kann man glücklich sein. Aber man sollte nicht skaten, nur um ein Sponsor-me-Video zu machen!" Er selbst hat trotz seiner großen Erfolge nicht vergessen, warum er angefangen hat: „Es ist kein Mannschaftssport, es gibt keinen Coach, es gibt nur dich und dein Skateboard. Diese Freiheit ist einfach nur unglaublich. Du bist derjenige, der alles macht, du schaffst dein Image, deinen Videopart, alles. Du kannst zeigen, wer du bist!"

Bastien Salabanzi hat gezeigt, wer er ist und dabei definitiv nicht vergessen, wo er herkommt. Mit seinen Skatekumpels von damals fährt er auch heute noch – wenn er die Zeit dazu findet. Für sich und seinen Bruder Danien hat er ein Apartment in Barcelona gekauft, und der kann sich unter anderem über Containerladungen voller kostenloser Flip-Boards freuen. Ob mit Kopfhörern auf riesigen Contests oder mit ein paar Bier bei einer Mitternachtssession am Streetspot – Bastien ist und bleibt ein Skatejunkie, der einfach nur süchtig nach seinem Sport und nach Erfolg ist wie letztens in Melbourne, wo er mit 30.000 Euro mehr nach Hause ging. Der verdammte Bastard!

Jürgen Horrwarth

Jürgen Horrwarth ist die Ausnahmeerscheinung in der deutschen Skateboardszene, denn er hat den Sprung ins kalte Wasser der Professionalität gewagt. Mit viel Disziplin, Talent und noch mehr Style hat sich der Schwabe in der internationalen Halfpipeszene einen Namen gemacht. Und nicht nur dort. Jürgen ist einer der wenigen Skater, die auf jedem Terrain eine gute Figur machen. Er ist nicht „Street“ oder „Vert“, sondern einfach nur Skateboarder. Ein verdammt guter dazu.

Er ist mit großem Abstand der professionellste Skater der hiesigen Szene. Ob Touren, Contests, Demos oder Videos, er nimmt alles mit. Wenn es um Zeitmanagement und Aufwand geht, haben es Streetfahrer deutlich einfacher als Vertfahrer, zumindest wenn es darum geht, bekannt zu werden – ihnen reicht in manchen Fällen ein einziger, herausragender Videopart. Der wird einem zwar auch nicht geschenkt, aber danach kann man sich durchaus erlauben, für eine Weile die Füße hochzulegen. In der Halfpipe gehört etwas mehr Ausdauer dazu. Wer sich einen Namen machen will, muss präsent sein. Immer und überall, wo es möglich ist. Jürgen Horrwarth hat sich genau das zur Aufgabe gemacht und ist nun Teil der internationalen Vertszene. Skateboarding ist für ihn zum Full-Time-Job geworden, der ihn rund um den Globus führt. Wie gut er auch als Streetfahrer sein Skaten abrundet, ist immer noch nicht allen Leuten bekannt.

„Professioneller Skateboarder“ ist in Jürgen Horrwarths Fall nicht die Verschleierung eines zeitintensiven Hobbys. Beruf kann zur Berufung werden, vor allem wenn jemand die absolute Hingabe zu seinem Sport so vorbildlich verinnerlicht wie er. Jürgen bereist die Welt mit dem Skateboard – aus Spaß, aber mit professionellem Ansatz. Um sich nachhaltig einen Namen in der elitären Vertszene zu machen, ist genau das nötig. Man muss zeigen, dass man da ist und dazugehört, ganz selbstverständlich. Reisen gehört zum Geschäft, fast das ganze Jahr über. „Das fängt schon im Winter an“, erzählt er. „Meistens ist im Februar der erste Contest in Australien oder Neuseeland, da dann dort Sommer ist.“ Die ruhigere Zeit liegt im Frühjahr, zwischen März und Mai. „Danach geht es richtig los und bis August ist es sehr hektisch und man ist jedes Wochenende woanders auf diesem Planeten und hat dazwischen wenig Zeit, um zur Ruhe zu kommen!“

Ohne Talent helfen einem aber auch Ehrgeiz und Disziplin nicht viel. Wie viel Gottesgabe er für Skateboarding mitbringt, zeigt allein schon die Tatsache, dass er über einen langen Zeitraum erfolgreich Wettbewerbe auf internationaler Ebene mitgefahren ist, ohne eine Rampe zum Trainieren zu haben. Die Zeit, als er noch über der Railslide-Halle in Frankfurt residierte, ist lange vorbei. In Berlin, wo Jürgen seit einigen Jahren mit seiner Freundin wohnt, gibt es Streetspots soweit das Auge reicht, eine Halfpipe allerdings erst seit kurzem. Davor ist er zwangsläufig fast nur bei Contests und Demos Rampe gefahren. Erst nach drei intensiven Tagen merkte er dann in der Regel, dass er langsam sein potentielles Wettbewerbsniveau ansteuerte.

Heute kann die Berliner Skateszene stolz eine Halle präsentieren – und Jürgen darin seine eigene „Privatrampe“. Trotzdem wahrt er die Balance zwischen Street und Vert, denn er ist Skateboarder und kein spezialisierter Hochleistungssportler: „Ich schätze mal, dass ich so zwanzig Stunden die Woche auf dem Board bin, seitdem ich einen Skatepark zum Fahren habe – davon etwa die Hälfte in der Rampe und die andere Hälfte im Bowl oder auf dem Streetparcours.“

Von außen wird das Bild des professionellen Skateboarding mitunter etwas verzerrt dargestellt. Spaß gehört natürlich dazu, er ist der Motor der ganzen Sache. Doch die niemals endende Party, auf der man zwischen Punkrock und Bierdosen ein paar Airs zieht, gehört nicht zum Alltag. Der Körper eines Skateboarders rotiert nämlich nicht von alleine um 720°. Reduziert auf das Körperliche ist Skateboarding auf diesem Level eben doch Hochleistungssport. Für Jürgen ist das kein

Opfer, er ist Sportler durch und durch. Wie die meisten Halfpipefahrer geht er sehr diszipliniert und asketisch zur Sache. Man achtet auf seinen Körper, weil der im Mittelpunkt steht. Bewusste Ernährung ist für den gebürtigen Schwaben ebenfalls selbstverständlich, schon immer: „Ich bin eh schon recht gesund aufgewachsen und habe mit der Zeit gemerkt, was meinem Körper gut tut und was nicht. Ich versuche, mich ausgewogen zu ernähren, so dass ich mich wohl fühle beim Skaten. Und auch einfach so im Leben." Und seine Formel für gesunde Ernährung? „Am besten alles Bio, viel Obst und Gemüse der Saison und viel stilles Wasser!" Doch Jürgen ist weit weg vom Leistungsdenken. Skateboarding ist in seinen Augen weitaus mehr. Sein Ansatz reicht von einer „Lebenseinstellung zu einer Kunstform, die in wunderbarer Art und Weise in Einklang mit körperlicher Betätigung kommt".

Method Air

Angefangen hat übrigens alles mit der mittlerweile legendären Aufnahme eines 540°. Jürgen hatte damals, Mitte der 1990er Jahre, noch keinen Kontakt zur allgemeinen Skateszene in Deutschland, was ihn nicht daran hinderte, den besagten Trick zu machen. Ein Freund von ihm filmte einen Versuch und Martin Grüb, Besitzer des Skatebox-Shops in Stuttgart, schickte das Tape an das Monster Skateboard Magazine, wo der Trick mit Hilfe von Screenshots abgedruckt wurde. Das war der erste Stein, der für Jürgen ins Rollen kam. Wollen wir hoffen, dass dieser Stein noch lange rollt …

Materialcheck:
Jürgen Horrwarth mit seinen Pro-Boards

Den Besten gibt es im Skateboarding nicht, vielleicht aber den Größten. Das ist ohne Zweifel Tony Hawk – nicht nur wegen seiner schlaksigen Erscheinung und einer Körpergröße von 1,90 m. Der „Birdman“ ist der bekannteste Skateboarder aller Zeiten und in einem Vierteljahrhundert Skateboarding hat er den Sport geprägt wie kein Zweiter.

Große Pioniere braucht die Welt. Solche wie Thomas Edison, Erfinder der Glühbirne. Der Einfluss dieser Personen auf den Lauf der Dinge lässt sich aber nur schwer abschätzen. Was wäre, wenn sie nie gelebt hätten? Würde die Menschheit ohne Edison heute noch im Dunkeln sitzen? Wohl kaum. Eines Tages wäre ein anderer heller Kopf auf die Idee gekommen. Die Frage ist nur, wann? Wir wissen es nicht. Mit Bestimmtheit können wir bloß sagen, dass Tony Hawk Skateboardgeschichte geschrieben hat – und das nicht erst im Jahr 1999, als er mit dem 900° einen der schwierigsten Skateboardtricks aller Zeiten zum ersten Mal schaffte.

Wenn die von Hawk erfundene Tricks Glühbirnen wären, hätte er das Dunkel seines Sports taghell ausgeleuchtet. Wer sich für seine unglaubliche „trick history“ interessiert, kann sie Seite für Seite nachlesen – in seiner Biografie oder unter tonyhawk.com. Was er als Pionier des Skateboarding geschaffen hat, kann eine Liste aber nur andeuten. Denn der eigentliche Wert liegt weniger in der Einzigartigkeit dieser Tricks als im Nachahmungseffekt. Klar ist, dass seine Airwalks, Madonnas und 720°s heute zum allgemeinen Repertoire im elitären Vertskaten zählen. Vielleicht wären die Tricks auch ohne ihn in die Welt gekommen, aber wer weiß das schon. Manchmal muss man Dinge sehen, um sie nachmachen zu können. Wie sehr Tony Hawk das Skaten anderer Leute geprägt hat, zeigt besonders die Geschichte des 900°. Beeindruckend ist dabei nicht nur, dass Tony ihn gemacht hat, sondern die Tatsache, dass erst nachdem man an seinem Beispiel sah, dass er überhaupt möglich war, andere Skater nachzogen.

Frontside Grab to Fakie

Über ein Jahrzehnt lang galt der Trick als unmöglich. 1984 wurde der 540° von Mike McGill erfunden. 1985 schaffte Hawk den 720°. Trotzdem sah es nicht so aus, als ob die 1990er Jahre die große „9“ je sehen würden. Viele Vertfahrer versuchten sich an dem Trick – Tas Pappas, Danny Way und auch Tony Hawk. Aber alle schafften ihn nur fast. Sie rotierten, sogar um 900°, aber es schien unmöglich, weiterzufahren. Es sei, „als würde man aus einer schleudernden Waschmaschine aussteigen“, schreibt Hawk später in seiner Biografie. 1999 war die „9“ endlich geknackt, dreizehn Jahre nach den ersten Versuchen. Der verblüffende Effekt kam aber erst danach. Denn nun war der Trick „offiziell“ möglich, auch für andere. Man wusste, dass er geht, man hatte es mit eigenen Augen gesehen. Und andere folgten: Giorgio Zattoni lässt sich beflügeln, Sandro Dias ebenfalls und neuerdings auch der Skateboarder und Snowboarder Sean White. Nur kurze Zeit, nachdem Tony der Welt bewiesen hatte, dass die „9“ zu landen ist, glaubten auch die anderen an sich.

Tony Hawk ist natürlich bei weitem nicht der einzige Pionier im Skateboarding, aber wahrscheinlich der einflussreichste, in jedem Fall der bekannteste. Als er den 900° bei den Summer X-Games 1999 schaffte, schrieb USA Today: „Hawk landet historischen Skateboard-Trick“. Er selbst lachte über die Schlagzeilen – „als wüssten die Leser, wer Hawk sei!“ Richtige Einschätzung oder pures Understatement? Anfang 1999 mochte die Aussage noch zutreffen, aber gerade seit der berühmten „9“ hat sich viel getan. Sein Bekanntheitsgrad hat einen wahrhaften Quantensprung gemacht. Das Videospiel „Tony Hawk's Pro Skater“ kam auf den Markt und wurde im Weihnachtsgeschäft 1999 das meistverkaufte Playstation-Spiel. Es katapultierte ihn in jedes zweite Kinderzimmer und machte damit nicht nur seinen Namen bekannt, sondern auch seinen Sport. Tony Hawk war in der Folgezeit überall zu sehen – in der „Tonight Show“ bei Jay Leno, als Gast in der Kultserie „Die Simpsons“, als Laudator bei den MTV Music Awards oder als Promi-Kandidat bei „Wer wird Millionär“ in den USA.

Die Lebensgeschichte des Birdman klingt wie ein modernes Märchen, zumindest kann man mühelos eines hineinlesen. Als klapprig dürrer Underdog musste er sich hocharbeiten und hart um Anerkennung kämpfen. Mit neun Jahren fing er an zu skaten und als er einige Jahre später die ersten Wettbewerbe gewann, wirkte er immer noch wie ein 9-Jähriger. „Ich sah aus wie eine Vogelscheuche“, schreibt Tony später über seine damalige Figur. Ganz Unrecht kann er nicht haben, denn noch Jahre später wurde aus „Tony Hawk“ liebend gern „Bony Cock“ gemacht. Im Gegensatz zu anderen Halfpipe-Pros der 1980er Jahre – die er wie kaum ein zweiter Fahrer seiner Generation überstanden hat – hatte er ein Imageproblem. Christian Hosoi, Steve Caballero oder Gator kamen als Typen mehr an als der streberhaft wirkende Hawk. Doch er fand schließlich Mittel und Wege, das Manko auszugleichen. Mit Tricks zum Beispiel. Auch er könnte, wie Stefan Effenberg im Titel seiner Biografie, behaupten „Ich hab's allen gezeigt“ – aber diese Aufgabe kann Tony getrost anderen überlassen. Zum Beispiel der Filmindustrie. Disney kaufte erst kürzlich die Rechte an seiner Biografie und so könnte es in naher Zukunft geschehen, dass der Rocky-mäßige Aufstieg des Tony Hawk zum Größten seines Sports über die Leinwände flimmert.

Heinrich Goebel, ein nach Amerika ausgewanderter Deutscher, erfand übrigens schon fünfundzwanzig Jahre vor Edison die Glühbirne. Sein Problem: es gab damals noch kein elektrisches Stromnetz und so musste er seine Birne mit Batterien betreiben, was völlig unwirtschaftlich war. Was zeigt uns das? Man kann sich nicht damit rühmen, Skateboardtricks fast geschafft zu haben. Die richtige Landung krönt den Erfolg. Wie beim 900°.

180° Fandangle to Gr

Die Geschichte von Tony Hawk's Pro Skater

Die Veröffentlichung von „Tony Hawk's Pro Skater" im Jahr 1999 war nicht nur in wirtschaftlicher Hinsicht ein einzigartiger Erfolg, sondern auch ein nachhaltiges Ereignis für das Skateboarding im allgemeinen. Das Spiel schlug ein wie eine Bombe und lockte eine ganze Generation an die Konsolen. Die Skateboardszene ist sich dabei nicht ganz einig darüber, ob das Ereignis gut oder schlecht war. Kaum ein Skater kann behaupten, es sei nicht faszinierend, Tricks, die man kaum für möglich hält, mit ein paar Knopfdrücken nachzuempfinden. Wer hat keinen Spaß daran, Sessions an historischen Skatespots zu fahren und das quasi im Körper des eigenen Lieblingsskaters?

Die THPS-Revolution hat natürlich auch andere Seiten. Außenstehende werden zwar mit Skateboarding konfrontiert, lernen sogar Tricknamen und machen Bekanntschaft mit Legenden wie Geoff Rowley, Andrew Reynolds oder Rodney Mullen. Aber sie bekommen auch ein unrealistisches Bild einer Sportart, die zu den anspruchsvollsten überhaupt zählt. Während der „reale" Skater auch nach Monaten mit seinem neu erlernten Ollie bei drei Km/h nur ein paar Zentimeter vom Boden abhebt, kann der Stubenhocker mit Daumen und Zeigefinger mal eben einen 540° to Backside Tailslide Shove-it Crooks to Manual aus dem Ärmel schütteln. Lästige Fragen wie „Kannst du einen 720°?" mussten Skateboarder sich vor allem um die Jahrtausendwende immer wieder anhören. THPS lockte Millionen an, stellte ihnen eine faszinierende Sportart vor, aber schaffte auch die Jllusion, alles sei möglich – und einfach.

Dass die Wirkung des Spiels insgesamt absolut positiv ist, darf dabei nicht vergessen werden. Unzählige Jugendliche, die heute gestandene Skateboarder sind, haben erst durch das Spiel Bekanntschaft mit dem Rollbrett gemacht. Viele Skateparks wurden überhaupt erst denkbar, weil es eine neue Massenbewegung gab, die den Gemeinden und Städten vor Augen hielt, dass Skateboarding boomt. Und wer will sich über eine wachsende Skategemeinde und neue Parks beschweren?

„Tony Hawk's Pro Skater" war nicht das erste 3D-Skateboardspiel, das auf dem Markt war. „Top Skater" von Sega war fertig und wurde gespielt, allerdings nur in Arkaden. Ein weiteres mit dem Titel „Street Skater" war in der Entwicklungsphase. Beide hatten jedoch starke Defizite in der Navigation und in der realistischen Umsetzung des Skatens. 1998 kontaktierte daher Activision die Firma Neversoft wegen der Umsetzung eines völlig neuen Skateboardspiels. Das Team war zum richtigen Zeitpunkt am richtigen Ort. Gerade hatte man ein anderes Spiel, „Apocalypse", fertig gestellt und somit eine Plattform für die Weiterentwicklung. Jn der Tat war die Bruce-Willis-Figur sogar der erste „Skateboarder", den man für die Simulation einsetzte. Doch das waren nur provisorische Anfänge. Wie bei jedem neuen Spiel, kamen die besten Jdeen erst im Laufe der Zeit.

Das wichtigste Ereignis war in dem Zusammenhang wahrscheinlich die Verpflichtung von Tony Hawk, der dem Spiel seinen Namen leihen sollte. Bruce Willis durfte nicht mehr skaten und der „Birdman" wurde in den Entwicklungsprozess mit einbezogen. Sein Jnput war entscheidend für den Erfolg und die Akzeptanz innerhalb der Skateszene. Mit jeder Neuerung bekam Tony eine neue Kopie, die er durchspielen musste. Wenn ihn irgendetwas störte, musste es verschwinden. Er wollte ein absolut realistisches Skatefeeling und Neversoft war versessen darauf, das Spiel so detailgetreu wie überhaupt möglich zu gestalten. Erst dieser Perfektionismus schaffte den Hype, der folgte. Die Firma Neversoft selbst wuchs ebenfalls mit der Aufgabe. Anfangs hatte man drei Mitarbeiter, bei Veröffentlichung des ersten Teils zwanzig und bei Teil drei ganze fünfzig.

Zuallererst mussten die Bewegungen simuliert werden. Dafür bediente man sich bei der Entwicklung des ersten Spiels der „motion capture"-Technik. Hawk musste dafür als Vorlage in einem eng anliegenden Anzug skaten und lieferte so über Dutzende kleiner Bälle, die man an seinem Körper befestigte, die Jnformationen über seine Bewegungen. Mit einigen wenigen Standardtricks wurde somit ein 3D-Modell erschaffen. Dieser Prozess wurde zwar für das zweite Spiel abgeschafft, später jedoch wieder eingesetzt. Die verschiedenen Teile des Spiels verdeutlichen im Rückblick die Stufen in der

Entwicklung. Jmmer wieder traten Probleme auf, die man nicht berücksichtigt hatte. Und das betraf nicht nur die Simulation des Skateboarders, sondern auch der Skatespots. Einige Teile von San Francisco und L.A. mussten für eine Version verschwinden, weil der Speicher einfach nicht ausreichte. Jmmer wieder musste alles überarbeitet werden, bis das Spiel endlich fertig war.

Natürlich musste nicht nur Tony Hawk für die Entwicklung des Spiels im „body suit" skaten. Viele andere legendäre Pros, wie Bob Burnquist, Elissa Steamer, Rodney Mullen oder Eric Koston, lieferten Vorlagen, damit ihr Style auf absolut wiedererkennbare Weise nachgeahmt werden konnte. Und das nicht ohne Erfolg. Skateboarder waren verblüfft, wie gut die „Stylekopien" gelungen waren. Auch ohne zu wissen, welche Figur gerade fuhr, konnte jeder Skateboarder mit geübtem Auge erkennen, mit wem er es zu tun hatte. Ob Andrew Reynolds Armhaltung, Eric Kostons energische Bewegungen oder Tony Hawks schlaksiger Stil, die Simulation war erfolgreich. Details wie die Biegung der Ellenbogen, der Abstand der Füße bei der Landung oder was auch immer einen Skateboarder ausmacht, wurde umgesetzt.

THPS war von Anfang an ein riesiger Erfolg. Nicht nur gemessen an anderen Skateboardspielen, sondern gemessen an den Klassikern der Konsolengeschichte – Tomb Raider, Sonic oder Super Mario. THPS landete auf allen Plattformen der damaligen Zeit und verkaufte sich auf jeder astronomisch. Es war ein Millionenerfolg und Platz drei auf der Nintendo64 Hitliste aller Zeiten. Auf Sega Dreamcast war es Platz zehn. Der größte Erfolg konnte auf der Playstation verbucht werden. Teil eins und zwei waren im Jahr 2000 die bestverkauften Spiele, es wurden jeweils eineinhalb Millionen Stück verkauft. Bei allen Konsolen zusammen belief sich der Verkauf auf über 4 Millionen. Diese Zahl ist umso bemerkenswerter, wenn man sich vor Augen hält, welches neue Publikum Skateboarding so erreichen konnte. Die Skateboardindustrie verdankt dem Spiel einen riesigen Schub und THPS strahlte auch in viele andere Teilbereiche des Sports ab. Vielleicht konnten sogar die Kritiker noch ein paar Dinge von diesem Spiel lernen. Und wenn es nur die perfekte Ausführung eines schönen Kickflips war.

Zwischen Hardcore und Kommerz

Skateboarding: "It's all you"?

Skateboarding ist anders. So kann man vielleicht am besten anfangen. Die Gelehrten streiten sich wahrscheinlich noch bis in alle Ewigkeit, ob man es als Sport, Lifestyle oder Kunstform bezeichnen soll. Mit den Worten individuell, zwanglos und expressiv trifft man die Sache wohl ganz gut – zumindest sind einige Facetten abgedeckt. Dabei war es gerade dieser besondere Flair der „Asphaltsurfer", der sie in die Medien katapultiert hat – zu MTV, in die Soap Operas, auf die Playstations und auch zu McDonalds. Zugleich wird eine Philosophie der „street credibility" gepredigt, der Rebellion, der Unabhängigkeit und des freien Geistes. Doch wie weit geht der Spagat zwischen Hardcore und Kommerz, zwischen Individualität und Mainstream? Wer selbst Skateboard fährt, weiß: Es macht Spaß und das ist vielleicht die wichtigste Aussage zu diesem Thema. Doch bevor man die Kluft untersucht, muss man zunächst fragen, was überhaupt das „Besondere" am Skateboarding ist.

"It's not a sport"?

Wer selbst fährt, weiß, dass Skateboarding anders ist. Aber warum? Pauschal kann man das nicht sagen, denn jeder deutet es auf seine Weise. Vielleicht ist das auch schon ein Ansatz. Die individuelle Freiheit bringt es mit sich, dass der Skater selber entscheidet, welche Rolle Skateboarding für ihn spielt. Ist es überhaupt eine Sportart? Sicherlich. Ein Aspekt davon zumindest. Ein ungeschriebenes Gesetz verbietet es aber fast, das Wort in den Mund zu nehmen. „Sport" impliziert, was Skateboarder in ihrer Welt nicht sehen wollen: den Leistungsgedanken, stures Training und eine Umkleidekabinenmentalität, die den Sport abgehakt, sobald das Equipment sicher in der Sporttasche verstaut ist. Skateboarding ist dagegen für viele Aktive ein Teil der Identität, ein 24-Stunden-Phänomen. Ein Blick auf ein paar Firmennamen im Skateboarding deutet zumindest einige Aspekte an, die Skateboarding aus der Sicht der Aktiven bestimmen: Am:Pm, 24/7, Zero, Antihero, Real, Fallen, Mystery, Lousy Livincompany, Minus oder Popwar.

"Ich bin Skater" vs. "Ich skate"

Klar ist, Skateboarding wird mit Herzblut betrieben und ist nicht abgehakt, wenn das Board in der Ecke steht. Eine häufig zitierte Erklärung vergleicht zwei Jugendliche: den Skateboarder und den Tennisspieler. Beide üben eine Sportart aus, aber der Ansatz unterscheidet sich vollkommen. Letzterer sagt zu seinen Freunden: „Ich spiele Tennis" – eine Aussage, die keine Fragen offen lässt. Der andere Jugendliche jedoch sagt stolz: „Ich bin Skater!" Und der Unterschied zwischen „ich spiele" und „ich bin" ist gewaltig und zeigt genau, worum es geht: Skateboarding ist eine die Persönlichkeit umfassende Sache, die gelebt wird. Man fährt nicht einfach nur Skateboard, man „wird" Skateboarder.

"With skateboarding there's no team involved. It's up to you to do it. There's no team to screw up if you don't land your stuff. It's all you. It's an individual sport and it's a lot more expressive than all that other stuff."
Mark Appleyard

Der Medien-Overkill

Logischerweise trifft das nicht auf jeden zu. Nicht auf den Playstation-spielenden Stubenhocker, der zu Weihnachten ein Board bekommen hat, dem er noch die ersten Kratzer verpassen muss. Und auch nicht auf den begeisterungsfähigen kleinen Bruder, der alle zwei Wochen dieselbe Begeisterung für Rollerskating, Fußball und BMX aufbringt. Klar ist, Skateboarding liegt im Trend und ist populär wie nie zuvor. Seit 1995, als EPSN begann, die X-Games zu übertragen, ziehen diese Contests Millionen von Zuschauern weltweit vor die Fernsehschirme – auch in Deutschland, wo man von den Wiederholungen auf Sportsendern profitiert. Bekannte Skateboarder haben Gastauftritte in Musikvideos – von Metallica über Linkin Park bis hin zu Avril Lavigne, die sich sogar selbst einmal als Skater(-ess) bezeichnet hat. Skateboarder sind im Fernsehen, auch wenn sie nur kurz durchs Bild fahren, ob in „Gute Zeiten, schlechte Zeiten" oder in jeder x-beliebigen Werbung. Das Videospiel „Tony Hawk's Pro Skater" verkauft sich so gut wie seinerzeit Mario, Sonic oder Tomb Raider. Wer das Glück hatte, als Profi in diesem Spiel virtuell verewigt zu werden, wurde binnen Monaten steinreich. Trotz des wachsenden Konsums, der in alle Aspekte des Sports einfließt – die eigenen Medien, die Wettbewerbe, die Sportlervermarktung –, ist Skateboarding anders, denn es ist historisch gewachsen. In der turbulenten Geschichte, die bis in die 1950er Jahre des 20. Jahrhunderts und noch weiter zurückreicht, haben sich Wurzeln gebildet, die bis heute stark geblieben sind.

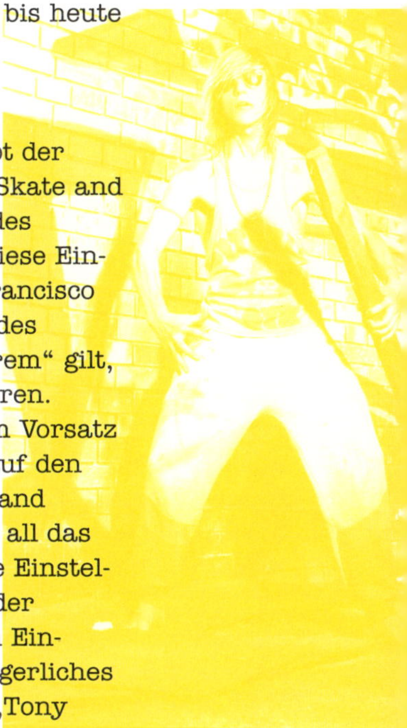

Skate and destroy!

„Think for yourself. Dare to disagree", schreibt der Skatepoet C. R. Stecyk in seinem Vorwort zu „Skate and destroy", einem Band, der dem 25. Jubiläum des Thrasher Magazine gewidmet ist. Und genau diese Einstellung, die das Hardcore-Magazin aus San Francisco seit 1980 predigt, ist das Glaubensbekenntnis des Skateboarding. Alles, was heutzutage als „extrem" gilt, lässt sich mehr oder minder darauf zurückführen. Skateboarder waren die ersten, die es sich zum Vorsatz machten, keine Rücksicht zu nehmen, weder auf den eigenen Körper noch auf das Material. „Skate and destroy", der uralte Skateboarder-Slogan birgt all das in sich. Die Kompromisslosigkeit, mit der diese Einstellung sich bis heute gehalten hat, ist vielleicht der Grund, weshalb Skateboarder oftmals aus dem Einheitsbrei hervorstechen. Ein gewisses anti-bürgerliches Protestpotential ist erhalten geblieben – trotz „Tony Hawk's Pro Skater" und trotz der X-Games.

Der Spagat ist anstrengend, aber er funktioniert. Skateboarding habe seine eigene Kommerzialisierung überholt, beobachtete James Parker von der Tageszeitung Boston Globe treffend – auch wenn nicht jeder Skateboarder den Schritt zum Mainstream gut findet. Nach wie vor distanziert sich der harte Kern von der riesigen Lawine, die Hawk mit seinem Engagement für die X-Games und mit seinem Videospiel losgetreten hat. Ocean Howell, ein ehemaliger Fahrer in Tony Hawk's Birdhouse-Team, erinnert sich an die Abneigung, die er verspürte, als Skateboarding den Schritt ins Fernsehen machte, alles und jeder nur noch „extrem" wurde und Ansager in völliger Unwissenheit Tricks falsch benannten. „Für viele von uns war Skateboarding etwas anderes, es war eine Aktivität, mit der wir etwas Interessantes aus einer Umwelt machen konnten, die uns fremd war. Für uns war es eine Kultur, eine Ästhetik und ein eigenes Wertesystem. Für uns war es mehr Kunst als Sport."

Raubtier oder …

Tendenz: steigend

Die Welle, die Skateboarding in den späten 1990er Jahren erfasste, war enorm. Der Autor Ian Borden schätzt, dass heute weltweit über 40 Millionen Menschen ernsthaft Skateboard fahren. Mit dieser Zahl wird so manch etablierte Sportart der Elterngeneration in den Schatten gestellt. In den letzten Jahren hat sich hierbei sogar eine steigende Tendenz abgezeichnet. Da natürlich die meisten Aktiven nicht in Vereinen als Mitglieder verzeichnet sind, gibt es nur grobe Schätzungen. Auch die Grenze zwischen Aktiven und Nichtaktiven ist schwer auszumachen. Wie steht es mit dem 15-Jährigen, der neben seinem BMX-Fahrrad und seinen Inline-Skates ein Skateboard stehen hat und es einmal pro Woche benutzt? Oder als was zählt der 45-Jährige Hardcoreskater, der wegen seiner Rückenschmerzen nur noch einmal im Monat unter Stöhnen in die Rampe steigt? All das macht eine statistische Erfassung schwierig. Und dennoch kann man es versuchen. SGMA, eine Organisation, die Marktforschung im Bereich der Sportindustrie unternimmt, hat geschätzt, dass von 1998 bis 2003 die Zahl der Aktiven um ganze 81% gestiegen ist. Wie präzise auch immer solche Zahlen sind, die Tendenz ist eindeutig. Die Gründe dafür mögen vielfältig sein, aber die wichtigsten Faktoren sind die wachsende Präsenz des Sports im Fernsehen und der sensationelle Erfolg der Videospiele.

Außenseiter oder Galionsfigur?

Skateboarding wird jedoch auch für die nächste Generation wohl kaum das werden, was Fußball, Baseball oder Tennis für die heutige ist. Zu regellos, zu spielerisch und zu subjektiv ist die Skateboarderfahrung.

Solange Skateboarder sich nicht widerstandslos in Skateparks und Hallen abdrängen lassen, werden sie zudem immer eine gewisse Außenseiterrolle spielen. Streetskating ist dagegen seit Anfang der 1990er Jahre die bestimmende Disziplin im Skateboarding. Skaten auf der Straße hat Flair und das ist auch der Grund für den großen „appeal“, den man Sportarten wie Handball oder Tischtennis nur bedingt nachsagen kann. Aber gerade das Fahren auf der Straße grenzt Skater nicht zuletzt auch aus. Es ist verboten, laut und bei vielen Menschen verpönt. Streetskater sind keine Ballerinas. Sie bewegen sich nicht nur in den schmutzigen und tristen Ecken unserer Städte, sondern auch am Rande der Legalität.

Aus dieser vor allem früher stark ausgeprägten Außenseiterrolle heraus lehnen viele Skateboarder den neuerlichen Kommerz ab. Da sie so lange ausgegrenzt und von Spots vertrieben wurden, haben sie sich eine gesunde Portion Skepsis gegenüber Firmen wie Nike oder Adidas erhalten, die sich zum Ziel gesetzt haben, den Skateboardmarkt zu erobern. Auf der anderen Seite sind Skateboarder wie Tony Hawk auch offener gegenüber der Außenwelt geworden. Seine Auftritte in den MTV-Shows „Jackass“ oder „Viva La Bam“ haben Geister geweckt, die man nicht so schnell wieder loswird. Die Beliebtheit des Sports hat vieles verändert, aber es sind auch Chancen entstanden. Der Skateboarder von heute hat mehr Möglichkeiten denn je. An jeder Ecke stehen Skateparks und die gewachsenen Strukturen könnten vielleicht sogar zu einer Teilnahme bei Olympia führen. Ist das die Chance, Skateboarding noch fester zu verankern? Angesichts der großen Popularität ist es nicht verwunderlich, dass Tony Hawk einst in einem Interview bezüglich der olympischen Spiele selbstbewusst sagte: „Die Olympischen Spiele brauchen uns mehr als wir sie.“

… Suppenhuhn?

Der Faktor X

Style

Zauberwort „Style“. Jeder erkennt ihn, aber niemand weiß, was ihn wirklich ausmacht. Was aber fast jeder merkt, ist: Im Skateboarding zählt nicht was man tut, sondern wie man es tut. Mysteriös ist der Style-Kult trotzdem. Immer wieder hört man, wie „stylish“ Fahrer X sei, oder wie unglaublich „unstylish“ doch Fahrer Y rüberkomme. Tatsache ist, man kann Style nicht einstudieren, man kann auch nicht den eines anderen erfolgreich kopieren, man kann nicht einmal genau sagen, was Style ist. Nur in einem Punkt sind sich alle einig: Style ist das mit Abstand begehrteste Gut im Skateboarding.

Skateboarding doesn't build character, it reveals it.
Scott Johnston, 1996

Das Style-Manko

Die Gesetze im Skateboarding waren schon immer ein wenig anders. Die überall sonst gültige Formel „schneller, höher, weiter“ funktioniert hier nur ansatzweise. Und wenn man nicht gerade, wie Danny Way, über die Chinesische Mauer fliegt, spielt Style eine überragende Rolle – wie die Geschichte belegt. In allen Phasen gab es herausragende Pros, die in fast jeder Hinsicht überzeugen konnten, Contests gewannen und anspruchsvolle Tricks machten, aber wegen ihres nicht ganz so gefragten Styles eher unbeliebt waren. Sogar Tony Hawk kann man in diesem Zusammenhang anführen. Ist er doch das beste Beispiel für einen Fahrer, der jahrelang mit einem „Manko“ in Sachen Style zu kämpfen hatte. Wegen seines knochigen Körperbaus und seiner schlaksigen Fahrweise kam irgendwann der Spitzname „Bony Cock“ auf – nicht gerade eine Lobpreisung. Es ist heute kaum noch vorstellbar, aber in den 1980er Jahren war Tony zwar einer der Großen, er blieb jedoch stets ein wenig im Schatten der Style-Ikonen jener Zeit: Christian Hosoi, Steve Caballero oder Gator. In kaum einer anderen Sportart ist ansatzweise vorstellbar, dass ein Überflieger wie er überhaupt kritisiert wird. Man stelle sich nur vor, ein Radrennfahrer würde als Erster über die Ziellinie fahren und am nächsten Tag wegen seines zu hektischen Strampelns kritisiert werden.

"It's about how you're doing it"

Aber klar ist dabei auch: wer gut fährt, kann sich natürlich einen schlechteren Style leisten. So zumindest eine alte These. Ein finnischer Streetskater wurde einmal in einem Interview zum Thema „Style" befragt. Seine einfache wie provokante Aussage: Guter Style ist was für Leute mit schlechten Tricks. Umgekehrt ausgedrückt: nur Fahrer, die einen schlechten Style haben, müssen sich anstrengen, um ihr „Manko" mit guten Tricks wettzumachen. So betrachtet, können sich also diejenigen mit ansehnlichem Style glücklich schätzen – sie müssen sich sehr viel weniger anstrengen. So provozierend und eindimensional die Aussage auch klingt, das berühmte Körnchen Wahrheit steckt dennoch drin.

Worauf sich wahrscheinlich alle Skateboarder einigen können, ist die Tatsache, dass Style eine wichtige Rolle spielt. „It's not what you're doing, it's how you're doing it", lautet eine bekannte Weißheit. Und diese untermauern Skateboarder seit jeher, indem sie sich gegen den Begriff „Sport" sträuben. Man sagt ja schließlich auch gern: „Skateboarding is not a sport!" Denn „Sport" verkörpert auch Dinge, gegen die sich Skateboarder abgrenzen: Zwang, Zielstrebigkeit, Ergebnisorientierung und Leistung. Skateboarding lebt in den Augen vieler von Dingen wie Freiheit, Spaß, Spontaneität und dem Gefühl für den Moment. Die große Bedeutung von Style und dessen Undurchschaubarkeit zieht anscheinend die Grenze zu herkömmlichen Sportarten.

Kraftlos vs. Energisch?

Style kann man weder lernen noch messen. Und schon sind wir beim Kern des Problems angelangt. Man kann unzählige Adjektive aufzählen und versuchen, das Wort „Style" zu umschreiben – lässig, kraftlos, elegant und zugleich auch graziös und spielerisch? Oder auch: Energisch, kraftvoll und zugleich hart und kompromisslos? Doch ist „kraftlos" nicht das Gegenteil von „energisch"? Und schließt nicht „kompromisslos" zumindest ein bisschen das „Spielerische" aus? Woran man auch ver-

Danny Sommerfeld,
Nosegrind

Jeremy Reinhard,
Frontside Feeblegrind

sucht, Style festzumachen, man kann immer auch gegenteilige Qualitäten finden. Man kann versuchen, Beispiele für Style zu finden, man kann „do's" und „don'ts" festlegen. Doch auch das ist nicht die Lösung. Denn immer finden wir Leute, die „trotzdem" stylish fahren – obwohl ihre Hände immer auf dem Boden schleifen, obwohl sie langsam fahren oder obwohl sie jeden Trick unsauber landen. Style ist einfach eine Geschmacksfrage. Das heißt aber nicht, dass es immer nur im Auge des Betrachters liegt, ob jemand Style hat. Ein wenig Objektivität gibt es bei der ganzen Sache schon.

Some have it, some don't

Trotz gewisser Grenzfälle hat man nämlich das Gefühl, dass sich die meisten Skateboarder recht einig darüber sind, wer Style besitzt und wer nicht. „Some have it, some don't", sagte der DC-Fahrer und Philadelphia-Local Josh Kalis einmal kurz und bündig – und er selbst zählt schließlich nach der Meinung der allermeisten fraglos zur „have it"-Fraktion. Niemand kann Style definieren. Es ist eine Art, sich auf dem Skateboard zu bewegen, Tricks zu machen, zu pushen, zu landen, zu fallen oder einfach nur mit dem Board in der Hand zum Supermarkt zu laufen. Es gibt Style-Ikonen und es gibt Leute, die ziemlich eindeutig als „unstylish" abgestem-

Mack McKelton,
Frontside Boardslide

pelt werden. Der Halfpipefahrer Andy McDonald ist eines der bekanntesten Beispiele hierfür. In den letzten Jahren gewann er fast alles, was man gewinnen konnte und mittlerweile zählt er zu den erfolgreichsten Skateboardern seiner Zeit, aber dennoch wird er wohl nie zu den unangreifbaren Idolen aufsteigen.

Die Konstante im Skateboarding

Und Style ist unsterblich. Obwohl sich Skateboarding ständig weiterentwickelt, die Standards gehoben werden und Modeentwicklungen Einzug halten, steht außer Frage, dass die Kriterien, die den Style betreffen, bewahrt bleiben. In den 1970er Jahren glaubte man an den Style von Stacy Peralta, Tony Alva oder Jay Adams. Dagegen waren Christian Hosoi, Tommy Guerrero und Steve Caballero Style-Ikonen der 1980er Jahre. Auch aus heutiger Sicht bleibt das Skateboarding dieser Fahrer unantastbar, moderne Trickstandards hin oder her. Style ist zeitlos. Wen man auch aus der Geschichte des „Sports“ hervorkramt – Mark Gonzales, Jovantae Turner, Jason Lee, Ed Templeton, Mike Carroll oder Mark Appleyard – in all diesen Fällen erübrigt sich jede Diskussion. Niemand würde einem dieser Skater Style absprechen. Es ist, als gäbe es in dem stetigen Wandel, den Skateboarding durchlebt, eine verlässliche Konstante: Style.

Die Leistungsstandards im Skateboarding haben sich verflüchtigt. Was vor zehn Jahren noch als „bahnbrechend“ galt, ist heute beinahe durchschnittlich. Als Leute wie Natas Kaupas und Mark Gonzales noch Streetskating definierten, war schon der Gedanke, mit einem Ollie auf ein Treppengeländer zu springen eine Sensation. Heutzutage sieht man so viele Fotos an Treppengeländern, dass man beinahe schon den Overkill erreicht hat. Bahnbrechend ist ein Handrail-Trick jedenfalls nicht mehr. Die Messlatte wird nicht innerhalb von Jahrzehnten angehoben, sondern innerhalb von Monaten. Skateboarding bewegt sich auf so hohem Niveau, dass Standards eine gehörige Inflation erleben.

Gerade an diesem Punkt zeigt sich, dass Style die Qualität ist, die den Unterschied macht. In Zeiten, in denen man fast nicht mehr beurteilen kann, welcher Trick gut ist, sind sich alle in Stylefragen einig. Ob ein Trick bahnbrechend oder kinderleicht ist, entscheidet das allgemeine Niveau der Zeit. Für Rodney Mullen, den König des Freestyle und Erfinder der modernen Flatlandtricks, war der erste Kickflip fast schon eine mathematische Gleichung. Heute hebt niemand angesichts eines einfachen Kickflips die Augenbraue. Umso entspannender sind Stylefragen: Man muss nicht auf dem neuesten Stand sein, um zu erkennen, wer schön auf dem Board steht und wer nicht. Style erkennt man auf den ersten Blick. Und schon ist der Rest Nebensache.

Kopiervorlagen

Ein solch wertvolles Gut wie „Style“ ist natürlich begehrt. Welche Vorlieben Skateboarder auch haben, die meisten von ihnen würden ihre eigene Mutter verkaufen, wenn es darum ginge, Style als Ware zu erstehen. Doch da man die wertvollsten Güter eben nicht kaufen kann, versuchen es manche mit „kopieren“. Leider enden die ehrgeizigsten Versuche oft in einer Katastrophe. Das Gegenteil von gut ist schließlich „gut gemeint“. Nichts ist schlimmer als ein Skater, der krampfhaft versucht, seinen persönlichen Helden in jeder einzelnen Bewegung nachzuahmen. Eine bestimmte Art, sich zu

Roland Oppenheimer,
Frontside Noseblunts lide

Mark Frölich, 5-0 Grind

bewegen ist eben nur für eine Person der natürliche Weg. In der Skateboardgeschichte gab es mehr als einen Caballero-Hals und mehr als genug Appleyard-Arme und Koston-Hände. Wie gut man das Ganze auch umsetzt, kopierter Style bleibt immer schlechter Style. Dann besser noch: gar nicht anstrengen. Den Dingen ihren natürlichen, freien Lauf, den „flow“, zu lassen ist schon mal ein guter Anfang, wenn es um die Entwicklung des individuellen Style geht. Man sagt schließlich, Style sei Ausdruck der eigenen Persönlichkeit. Wer offensichtlich einen schlechten Style besitzt, darf sich also über den Spruch ärgern und sich fragen, ob er entweder eine schwache Persönlichkeit besitzt oder diese nur mangelhaft nach außen kehrt.

Der Mythos

Style, speziell die Frage, was wirklich dahinter steckt, ist der größte Mythos im Skateboarding. Wer diesen „Sport“ liebt, möchte, dass sich hinter Style etwas verbirgt. Aber ist jemand, der bedingungslos und hart fährt auch im wirklichen Leben kompromisslos? Hat er uns etwas voraus? Wenn alles nur Oberfläche wäre, was bliebe dann? Style regt die Fantasie an. Und nicht zuletzt die Kaufkraft. Der Style einer Person bringt uns dazu, seinen Schuh zu kaufen, sein Board zu fahren und sein Poster an die Wand zu hängen. Wenn man schon den Style nicht käuflich erwerben kann, dann muss man doch wenigstens irgendetwas tun können. Skateboarding wäre langweilig, wäre Style nur die Summe einiger gut aufeinander abgestimmter Bewegungen – als läge das Geheimnis einer schönen Frau in der zufälligen Komposition von Haut und Fleisch über einem Knochengerüst.

Style ist der Faktor „X“ im Skateboarding. Man weiß, dass es ihn gibt, aber nicht, was ihn ausmacht. Tricks kann man lernen, Leistungen steigern und perfekte „Runs“ einstudieren, aber guter Style ist in uns drin oder eben nicht. Glaubt man dem Mythos, besitzen wir ihn alle – und müssen ihn nur rauslassen. Alle, bei denen das nicht klappt, können sich mit der Weisheit vom Anfang trösten: „Guter Style ist etwas für Leute mit schlechten Tricks!“

Laif Draasch,
Backside 180° Flip

Gallery

AVE

KÖSE
RAFAEL

setzen Sie noch eins drauf: Altersvorsorge ab 50.
Es ist nie zu spät, sich neue Ziele zu setzen.
Das
Wir machen den Weg frei

1 Chris Pfanner, Pop Shove-it, Wien

2 Kamil Krzesniak, Backside Tailslide, Stuttgart

3 Stephan Günther, Benihana, Halle

4 Stefan Ascheberg, Ollie, Münster

5 Tobi Hunger, Pivot to Fakie, Bonn

6 Samuel Beyer, Crooked Grind, Köln

7 Michael Mackrodt, Doubleset Ollie, München

8 Lem Villemin, 50/50 Grind, Stuttgart

9 Christopher Doelle, Frontside Turn, Mannheim

10 Jeremy Reinhard, Wallride, Köln

11 Norbert Szombati, Frontside Nosegrind, Köln

12 Lem Villemin, 5-0 Grind, Köln

13 Bryan Herman, Switch Frontside Flip, Köln

14 Jeremy Reinhard, Frontside Feeblegrind, Köln

15 Daniel Schnitzler, Kickflip to Bank, Brühl

Traveling

Auf zu fernen Ufern - und Curbs!

Zu Hause ist es bekanntlich am schönsten. Doch immer nur den gleichen Curb hinter dem örtlichen Supermarkt zu skaten wird früher oder später auch langweilig. Jeder Skater braucht in regelmäßigen Abständen einen Tapetenwechsel in Form neuer Städte, neuer Erfahrungen, neuer Spots. Also packen Tag für Tag Tausende Skateboarder auf der ganzen Welt ihre sieben Sachen und eilen neuen Taten entgegen. Aus Reiselust wird schnell Reisefrust, wenn an den fremdländischen Spots die Polizei wartet, oder unterwegs das Geld ausgeht. Aber anscheinend hält das niemanden davon ab, immer wieder den nächsten Trip zu planen; und zwar noch weiter, exotischer und verrückter als den letzten. Fest steht: Skateboarder bescheren den Fluggesellschaften prächtige Gewinne und haben längst noch nicht die Grenzen ihrer Entdeckungslust erreicht.

Reisen ist an sich eine logische Konsequenz des Skateboarding. Schon vom ersten Tag auf dem Brett an sieht sich jeder Skateboarder mit zwei Herausforderungen konfrontiert: das verflixte Board unter den Füßen beherrschen zu lernen und neuen fahrbaren Untergrund unter die Rollen zu bekommen. Diese beiden Entwicklungen schreiten parallel voran.

Sobald man einigermaßen auf dem Brett geradeaus rollen kann, wird die unmittelbare Nachbarschaft vor der eigenen Haustür erkundet. Vom Skateboard aus betrachtet wirkt die vertraute Umgebung wie verwandelt – und ziemlich interessant! Selbst die tristeste Vorstadtsiedlung erscheint plötzlich als Ansammlung skatebarer Objekte. Hinter jeder Ecke könnte das nächste Gap, die nächste Bank oder die nächste Wheelieplattform warten. Wie konnte man all diese Möglichkeiten die ganze Zeit übersehen? Es gibt ständig Neues zu entdecken und mit dem Ausbau der eigenen Fähigkeiten auf dem Skateboard wächst auch die Zahl an Objekten, die sich skaten lassen. Nach einigen Wochen auf dem Board steht bereits eine Route durchs Viertel fest, in deren Verlauf alle nahe gelegenen Spots – insofern sie diesen Namen verdienen – abgeklappert werden.

Taschen gepackt und los! Was vergessen? Wo ist eigentlich mein Board?

Wird das langweilig, ist der nächste Vorort dran, wo die ansässige Crew von Skatern bereits gründliche Erkundungsarbeit geleistet hat. Schließlich hört man von einem Skatepark in der Stadt und fährt schon bald jeden Tag gemeinsam hin. Mit dem Park kommen neue Herausforderungen ins Spiel, doch auch die behalten ihren Reiz nicht ewig. Neue Räume müssen her, neue Spots, neue Abenteuer. Also verlassen die Skater immer öfter den Skatepark und gehen in der Großstadt auf Streetskate-Mission. Damit hat sich der eigene Bewegungsradius bereits deutlich vergrößert.

Dann kommt eines Tages ein amerikanisches Team ein paar Städte weiter auf Tour vorbei. Und so sitzt die ganze Crew aufgeregt im Zug und fährt gemeinsam zur Show. Anschließend wird natürlich – inspiriert von den Tricks der Pros und von Gleichgesinnten umgeben – noch etwas die unbekannte Stadt gefahren. Vielleicht lernt man auch ein paar Locals von dort kennen und verspricht wiederzukommen. Oder die schauen zum Gegenbesuch vorbei.

Und mit den neuen Freunden, den neuen Spots und den neuen Städten weitet sich der eigene Horizont, die Zahl der möglichen Reiseziele steigt kontinuierlich. Bald umfasst das Netzwerk nicht nur neue Städte, sondern auch neue Länder. So hat die Reise, die vor der eigenen Haustür begann, schnell die Landesgrenze überschritten. Irgendwann ist man fast jedes Wochenende irgendwo in Sachen Skateboarding unterwegs, Anlässe gibt es genug: Contests, Demos oder ein Besuch am bekannten Stufenset aus dem letzten Magazin oder Video. Jetzt heißt es: Willkommen im Club der reiselustigen Skateboarder! Zahnbürste nicht vergessen!

"Und zu Ihrer Linken: Das Carlsbad Gap!"

Stichwort bekannte Spots: Auf Skateboardreisen in fremden Städte werden natürlich nicht die gleichen Sehenswürdigkeiten angesteuert, die herkömmliche Touristen im Reiseführer stehen haben. Eine Kaffeefahrt nach Prag kommt auf keinen Fall ohne die Prager Burg, den Wenzelsplatz und die Karlsbrücke aus. Skater machen hingegen keine langen Zicken und fahren direkt zum weltberühmten Stalin-Plaza auf dem Hügel über der Stadt, um auf dem makellosen Marmorboden ihre Lines zu üben. Ein anderer Blick für die Umwelt bedeutet eben auch andere Reiseziele.

Mit dem Namen einer Stadt bringen Skateboarder aus dem Stegreif eine Reihe von Spots in Verbindung. Barcelona ist gleich Macba und Sants. Köln steht für die Domplatte. Berlin bedeutet für Skatetouristen meistens Kulturforum-Doubleset, Polendenkmal-Stufen und die Ledges in der Potsdamer-Platz-Passage. Zwar fehlt den Skatern mit ihrem Blickwinkel für skatebare Architektur manchmal das Interesse an „echten“ Sehenswürdigkeiten – „Wie jetzt … Brandenburger Tor?! Kann man das auch skaten?!“ Doch bemerkenswert ist es allemal, wenn jemand 1000 km Anreise in Kauf nimmt, nur um ein Handrail zu skaten.

Darf's auch exotisch sein? Auf nach Brasilien!

Im professionellen Skateboarding sind solche Trips mittlerweile der Regelfall. Vor allem wenn Nordeuropa im Winter unter einer Schneedecke begraben liegt. Dann zieht es die gesponserten Fahrer nach Malaga oder Barcelona, um der kalten Jahreszeit ein Schnippchen zu schlagen und im Trockenen skaten zu können. Und einige Ausnahmen unter den Profis nutzen ihre häufigen Exkursionen auch, um über den Tellerrand der Skateboardwelt hinauszublicken. „Natürlich will ich

Das wichtigste für eine gelungene Reise: gute Freunde!

mir auch andere Sachen anschauen“, sagt Michael Mackrodt aus Berlin. „Das muss man machen, sonst nutzt einem das Reisen nichts. Man kann sich nicht nur die Spots anschauen, das ist nicht befriedigend. Wenn man müde ist, geht man eben die Stadt abchecken.“

Auf eigene Faust

Für professionelle Skater sind Reisen so sehr Teil ihres Alltags, dass viele gar nicht dazu kommen, ihre Reisetasche wieder auszupacken. Was mitunter skurrile Nebenwirkungen hat. „Manchmal wache ich unterwegs mitten in der Nacht auf und habe keine Ahnung, wo ich jetzt bin“, berichtet Jürgen Horrwarth aus Berlin. „Im ersten Moment ist das voll der Schock, bis ich dann wieder weiß, ich bin im Hotel auf dem und dem Contest oder der und der Tour.“

Gerade im Sommer ist der Terminkalender dank der vielen Wettbewerbe in ganz Europa prall gefüllt. An jedem Wochenende stehen mehrere Contests zur Auswahl, die Wochentage dazwischen werden dann meistens genutzt, um auf dem Weg zum nächsten Event noch ein paar Spots abzuklappern. Manche Pros hat das Reisefieber so stark gepackt, dass sie sich auf eigene Faust in der ganzen Welt herumtreiben. Individualtouristen wie Kenny Reed oder Alex Klein tauchen schon mal ganz ohne Begleitung an den entlegensten

Ecken der Welt auf und haben sich selbstständig ein Netzwerk von Freunden und Bekannten auf der ganzen Welt aufgebaut.

Ebenfalls erwähnenswert ist der Einsatz von Jamie Thomas. Für das Zero-Video flog Jamie des Öfteren mal für einen Tag von Kalifornien aus nach Texas oder an die Ostküste, nur um ein paar Tricks an einem bestimmten Handrail zu filmen. Am selben Abend flog er dann wieder zurück, das Footage in der Tasche und das nächste Ziel vor Augen. Ganz allein, hoch motiviert und hartnäckig.

Unterwegs mit "den Jungs"

Weniger individuell und motiviert verhalten sich amerikanische Pros, wenn sie in Gruppen auf Tour gehen. Bei Ankunft am Zielort verschmelzen die Gehirne der Beteiligten nämlich meistens zu einem Kollektivbewusstsein, das durchaus seine Eigenarten hat. Aus den einzelnen Skatern werden dann „die Jungs“. Und Tourmanager für die Jungs zu spielen, ist keine leichte Aufgabe. Meistens ist der Tourmanager hierzulande ein unerfahrener Mitarbeiter des jeweiligen Großhändlers, der die Produkte unter die Leute bringt. Der arme Wicht holt die Jungs am Flughafen ab und hat von da an alle Hände voll zu tun, um ihre Wünsche und die der Begleiter aus den Skateboardmedien zu erfüllen.

„Die Jungs schlafen noch“, erklärt der Tourmanager Tag für Tag den verärgerten Shopbesitzern, wenn die Skateboardstars aus Übersee noch in der Koje liegen, anstatt die versprochene Show im Skatepark zu fahren. Manchmal versucht der Tourmanager, etwas Kultur ins Spiel zu bringen, aber selbst an epochalen historischen Denkmälern wie der Berliner Mauer bleibt die Hälfte der Jungs im Auto sitzen, während die anderen den „geilen Wallride“ abchecken gehen. Weiterhin wird der Tourmanager mit der Zeit ein echter Experte in Sachen Multi-Tasking. Er fährt gleichzeitig das Auto, telefoniert mit der Fluggesellschaft, weil einer der Jungs seinen Koffer immer noch nicht zurück hat, und beantwortet halb motiviert die Fragen zu kulturellen Unterschieden zwischen Deutschland und den USA: „Also, die Mädels hier rasieren sich nicht die Beine, ist das wahr?"

Und was bekommt der Tourmanager dafür? Nun, Undank ist hier oft Lohn. Die Jungs honorieren seine Bemühungen herzlich wenig und sitzen größtenteils apathisch auf dem Rücksitz des Kleinbusses, in dem der Tourmanager sie herumkutschiert. Eingestöpselt in ihre iPod-Welt erscheint das fremde Land vor der Scheibe als Zusammenreihung komischer Orte mit noch komischeren Namen.

„AUSFAHRT?!! Wie viele hundert Mal fahren wir denn bitte noch an dieser Scheißstadt vorbei?!", tönt es manchmal aus den hinteren Sitzreihen. Aus dem verwirrenden Schilderwald ragt höchstens mal das rotgelbe Markenzeichen einer amerikanischen Fast-Food-Kette heraus, was zu lautstarkem Betteln und einer weiteren Verzögerung der geplanten Show führt.

„Wir kommen noch etwas später, die Jungs hatten Hunger!", erklärt der Tourmanager dann am Telefon, während drinnen ein neuer Rekord im Ordern von Extra-Ketchup und Softdrinks mit „extra viel" Eis aufgestellt wird. Vollgestopft mit Burgern und schon die ersten Biere hinter der Binde – „Bei euch darf man mit sechzehn Jahren schon Bier trinken! Wie cool ist das denn?!" – stellt sich die Show im Skatepark meistens als relativ unspektakulär heraus.

„Den Jungs gefallen die Rampen nicht so", muss der Tourmanager dem Shopbesitzer und den enttäuschten Zuschauern dann erklären. Aber zum Glück haben die Jungs noch leichtes Interesse am Streetskaten signalisiert. Denn selbst im Gruppenmodus hat das Skatergehirn noch einen gewissen Instinkt für die Entdeckung neuer skatebarer Architektur. Also fahren einige ausgewählte Locals mit den Jungs zum örtlichen Streetspot und mit etwas Glück bekommen die nach und nach per Handy alarmierten Zuschauer doch noch eine Vorführung, die ihr aus den Magazinen gewonnenes Bild der Jungs nicht vollends ruiniert. Der Local Spot sieht ein paar nie dagewesene Tricks und die Jungs verewigen sich in den Annalen der örtlichen Skategeschichte.

Stefan Sperka: Mit Skateboard bleibt man selten alleine

Am Ende sind doch noch alle glücklich – der Tourmanager sitzt zur Abwechslung mal stolz am Steuer und da die Jungs nicht jeden Tag vorbeikommen, hat der Shopbesitzer für die Feierlichkeiten des Abends noch einige spezielle kulturelle Highlights seiner Stadt parat. Am nächsten Morgen heißt es dann: „Alter … wir waren gestern noch mit den Jungs in der Strip-Bar. Wo sie jetzt sind? Ach, ich glaub, die pennen noch. Hm … eigentlich müssen wir gleich aus dem Hotel auschecken, ich geh sie mal wecken." Aber spätestens nach sieben Tagen mit den Jungs ist selbst der hartgesottenste Tourmanager reif für die Insel. Frohen Herzens gibt er die Jungs am Flughafen ab. Und wenn er Glück hat, können sie sich beim nächsten Mal sogar noch an seinen Namen erinnern …

Das Barcelona Syndrom

Die Lieblingsstadt der Jungs heißt Barcelona. Die katalanische Metropole mit ihrer modernen Architektur ist quasi ein riesiger Skatepark. Verbunden mit anderen Annehmlichkeiten: einem ausschweifenden Nachtleben, gutem Wetter selbst im Januar und schönen Menschen so weit das Auge reicht. Noch dazu darf man auch hier ein Cerveza oder einen Rotwein trinken, selbst wenn man nicht das in den USA geltende Mindestalter zum Alkoholkonsum erreicht hat. Perfekt – die Jungs wollen oft gar nicht mehr nach Hause. Natürlich wurden die einschlägigen Skatespots der Stadt längst penibel kartografiert und ausgetestet. Die Sonderausgabe eines amerikanischen Videomagazins lieferte sogar einen genauen Stadtplan, auf dem im Detail erklärt wird, mit welcher U-Bahn welcher Skatespot zu erreichen ist. Und auch hier in Barcelona hat der Wettstreit um den härtesten Trick an den jeweiligen Spots längst begonnen. In keinem Video darf also Barcelona fehlen, und immer und immer wieder wird die Messlatte an den Stufen und Handrails der Stadt höher geschraubt. Für die Jungs ist es in Barcelona oft genauso schön wie zu Hause. An jeder Ecke treffen sie skatende Landsleute, die hier für das nächste Video filmen oder einfach mal auf eigene Faust Station gemacht haben. Einige wohnen sogar fest in Barcelona, was die Stadt zum internationalen Skateparadies gemacht hat.

Bis vor kurzem jedenfalls. Denn die Stadt Barcelona ist zwar an sich ein perfekter Skatepark. Das Problem ist nur: da wohnen noch Leute drin. Und die haben teilweise keine Lust auf 24-Stunden-Skateboard-Disneyland vor der eigenen Haustür. Wenn die Jungs dann mitten in der Nacht nach einigen Cervezas in der Manolo Bar im Rinnstein lautstark S-K-A-T-E spielten, platzte einigen Bewohnern von Barcelona der Kragen. Verständlicherweise. Hinzu kam noch, dass in den letzten Jahren einige Veranstalter von Skateboardpauschalreisen die Stadt für ihre Ziele entdeckt hatten. Sie boten komplett organisierte Trips nach Barcelona an, inklusive Reiseführern zu den einzelnen Spots. Das Ergebnis waren Scharen von jungen Skatetouristen, die in Gruppen von bis zu fünfzig Mann an den Plätzen einfielen. Sehr zum Leidwesen der einheimischen Skater. Und sehr zum Leidwesen der Einwohner.

Fütterung im Camp: mehr essen, höhere Ollies

Im Winter 2005 riss den lokalen Skatern dann der Geduldsfaden. „Wenn der Bus ankommt, warten wir mit Baseballschlägern“, drohten sie. Aber soweit kam es dann doch nicht. Denn die Stadt Barcelona stellte einen neuen Katalog von Gesetzen auf, der Skateboarding in den Straßen verbietet und Skater mit Trickdieben und

Randalierern auf eine Stufe stellt. Durchgesetzt wird die harte Gangart mit Geldstrafen im vierstelligen Bereich. Überzeugende Argumente also. Somit scheint der Traum vom Skateparadies fürs Erste ausgeträumt. Die Jungs sind natürlich sehr traurig und die Veranstalter der Skatereisen haben längst neue Urlaubsziele gefunden. Zurück bleiben die Locals, denen die Suppe erst einmal kräftig versalzen ist.

Auch das muss gelernt sein: Boardmontage

Skatecamps – die dritte Alternative

Ein Pauschalurlaub im speziell eingerichteten „Skatecamp“ ist ein zweischneidiges Schwert. Einerseits garantiert der Aufenthalt im Skatezeltlager natürlich 100% Skateboarding, andererseits bleibt beim vorgebuchten Paketurlaub der eigene Entdeckergeist weitestgehend auf der Strecke. Bereits in den 1970er Jahren gab es in den USA Skatecamps; eines der ältesten findet sich in Woodward, Pennsylvania. Berühmt waren auch die schwedischen Skatecamps in den frühen 1980ern, wo Tony Hawk den 720° erfand und Mike McGill den ersten McTwist der Welt landete. Skatecamps bieten also Gelegenheit, sich voll auf Tricks zu konzentrieren und neue Moves voranzutreiben. Und die Eltern haben die lang ersehnte Chance, ihre Plagen einmal für ein paar Wochen abzugeben, ohne im Urlaub ständig nach Skatemöglichkeiten für die nörgelnden Kids suchen zu müssen.

Durch die Betreuung von Seiten professioneller Fahrer kommen die Nachwuchsskater sicher mit mehr Boardkontrolle und neuer Inspiration aus den Ferien. Sie können neue Freundschaften mit anderen Skatern schließen und sich anschließend gegenseitig besuchen. Und sie können, wie in Barcelona, die bekanntesten Spots der Welt fahren. Einziger Nachteil hierbei ist, dass ihr massenhaftes Auftauchen den Hass der Locals auf sich zieht. Aber insofern Skatecamps in einen eigens dafür konstruierten Skatepark – und nicht vor die öffentlichen Gebäude einer fremden Stadt – einladen, können sie eine durchaus positive Sache sein. Vor allem für junge Reisende.

Hotel zur fröhlichen Kakerlake

Im Skatecamp haben die Teilnehmer wenigstens garantiert ein festes Dach überm Kopf. Und das ist schon einiges, denn für jeden Individualreisenden kommt irgendwann einmal der Moment, in dem er nachts nicht weiß, wo er sich betten soll. Also wird kreuz und quer unter freiem Himmel gepennt – in der Wildnis oder am Strand. So mancher Skateboardvagabund wurde schon am Morgen von der Sprinkleranlage des Rasens geweckt, der ihm als Nachtquartier diente.

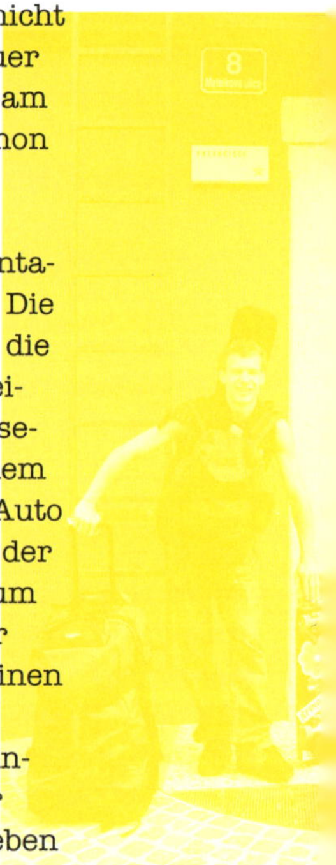

Aber selbst unter Skateboardprofis findet das spontane Reisen mit minimalem Budget großen Zuspruch. Die Redaktion des deutschen Boardstein-Magazins oder die französische Firma Antiz Skateboards sind ihres Zeichens Großmeister darin, mit wenig Geld in der Reisekasse möglichst viel zu erleben. Sie gehen mit eigenem Wohnmobil auf große Fahrt oder pennen direkt im Auto am Spot oder im Skatepark. Sehr beliebt sind dabei der Skatepark von Algorta, Spanien, mit seiner Nähe zum Strand oder der Skatepark von Brixlegg am Fuß der Alpen. Auf dem Rücksitz aufwachen und erst mal einen Grind machen, lautet hier die Devise.

Was natürlich oft mit einigen Entbehrungen verbunden ist, vor allem in Sachen Essen und persönlicher Hygiene. Doch eins ist sicher: Bei diesen Reisen erleben die Beteiligten mehr, als jedes Skatecamp oder jede Tour mit überstrapaziertem Tourmanager jemals bieten könnte. Eine weitere beliebte Alternative bieten Motels oder Pensionen, die oft in ganz bezaubernden Teilen der jeweiligen Stadt untergebracht sind. Wenn die Zimmer auch stundenweise vermietet werden und die zwielichtigen Gestalten im Foyer schon zum Inventar zu gehören scheinen, hat man das perfekte Skatehotel gefunden. Oft merkt der Portier dann nicht einmal, wenn fünf unangemeldete Gäste mit dem Schlafsack in der Tasche heimlich ins Zimmer schleichen. Zur Not lässt er sich noch mit einer Flasche Schnaps bestechen.

Die größte Bastion internationaler Gastfreundschaft sind Skater-WGs. Dort ist stets ein Platz auf der Couch frei, der aber auch ebenso oft von einem Dauergast belegt wird. Bleibt immer noch der Fußboden, den sich nicht selten bis zu zehn durchreisende Skater auf einmal teilen. Bei Skateboard-WGs ist man immer gut aufgehoben, wobei die Sauberkeit oft nicht oben auf der Prioritätenliste der Bewohner steht. Bei den Warriors im schweizerischen Lugano schwimmen Bierflaschen im Aquarium und der Turm an Kronkorken von den vielen Bierflaschen reicht bis unter die Decke. Aber sie haben immer ein Zimmer frei und halten zusammen wie Pech und Schwefel.

Die Welt wächst zusammen

So ausgefallen wie die exotischen Speisen unterwegs gestalten sich zusehends auch die Reiseziele, die Skater in aller Welt ansteuern. Angetrieben vom zunehmenden Skateverbot in den USA und in Westeuropa suchen sie immer abgelegenere Reiseziele auf, um in Ruhe skaten und unberührte Spots genießen zu können. In den internationalen Skateboardmagazinen erscheinen in jüngster Zeit Berichte über Skatetrips in die Mongolei oder nach Südafrika, China, Thailand, Korea und Israel.

Auch für ungesponserte Skater werden Reisen Dank günstiger Angebote der zahlreichen Billig-Airlines immer attraktiver. Selbst mit kleinem Geldbeutel ist der Sprung über die Landesgrenze kein unmögliches Unterfangen mehr. Also wächst die Skateboardwelt immer mehr zusammen und somit auch die Zahl der Freundschaften und Begegnungen, die das Brett mit Rollen so mit sich bringt.

Fazit: Skateboardreisen garantieren neue Spots, neue Freunde und neue Erinnerungen, die man ein Leben lang nicht vergisst. Und Reisen bilden bekanntlich. Mit den Erfahrungen an neuen Skatespots eignet man sich auch neue Skills an, die man stolz mit nach Hause bringen und zum Besten geben kann. So verschwindet mit den Reiseerfahrungen nicht nur das sprichwörtliche Brett vorm eigenen Kopf – gleichzeitig wächst auch die Kontrolle über das Brett unter den Füßen. Egal wie weit die Reise führt, der Weg ist das Ziel.

Skateboarding und Musik

Aller Wahrscheinlichkeit nach in der zweiten, bereits von Hollywood-Blockbustern dominierten Hälfte des vergangenen Jahrhunderts, beschrieb ein anonymer Musikjunkie sein Problem mit der Realität folgendermaßen: Was im täglichen Leben fehle, sei die richtige Hintergrundmusik. Dramatische Klänge, sich euphorisch auftürmende Melodien oder kaputte Beatgewitter, mit denen die Geschehnisse ins richtige Licht gerückt werden. Ohne den korrekten Soundtrack zum Leben geht ein Großteil von dessen Faszination flöten.

Besonders Skateboarder haben schon immer alles drangesetzt, ihre auf Rollen gelebte Realität mit der nötigen Hintergrundmusik zu untermalen. Skateboarding und Musik sind seit jeher nur schwer voneinander zu trennen. Der richtige Song zum gestandenen Trick, die passende Band zur gelebten Attitude – erst dann ist das Bild, das Gefühl, der komplette Lifestyle absolut stimmig. Doch die Musikstile, zu denen Skater in den vergangenen Jahrzehnten durch die Metropolen gecruist sind – und dabei im Wochentakt stoßempfindliche Walkmen geschrottet haben –, veränderten sich im Laufe der Zeit radikal. So radikal wie das Skating selbst.

Als die Boards noch aufgemotzte Rollschuhe waren und gerade erst von gelangweilten Surfern auf den Asphalt übertragen wurden, konnte man noch nicht von einem eigenständigen Skatesound sprechen. In den 1960ern war lockeres Surferflair angesagt, auch auf dem Trockenen. Etwas später dann, zu Beginn der 1970er Jahre, als Skateboarding in den USA gerade seinen zweiten Boom erlebte, entstanden aus heutiger Sicht lächerliche Songs, die das Asphaltsurfen sogar in ihren Texten behandelten: Lyrics wie „Do a kickturn, make your wheels burn“ waren in Stücken namens „Skateboard Shuffle“ oder „Skatewalk Boogie“ von Zafra bzw. Sneakers & Lace keine naiv klingenden Ausnahmelaunen, sondern die sonnengebräunte Regel.

Bereits gegen Ende der Dekade und noch stärker dann in den 1980er Jahren veränderte sich die Stimmung – und mit ihr die Funktion der Musik. Die Tatsache, dass

Henry Rollins,
Münster, 1996

Skaten nach und nach zum urbanen Außenseitertum wurde, äußerte sich nun auch in dem Sound, mit dem sich die Skater identifizierten: Hardcore und Punkrock waren an der Reihe. Knüppelbeats, durchweg hohes Tempo und deftige Gitarren untermalten den rebellischen „way of life" perfekt. Nicht nur auf dem Brett wollte man seiner Umwelt den Mittelfinger zeigen.

Das von Jake Phelps geführte Thrasher Magazine war dabei das richtungsweisende Organ, weil es seit der Gründung im Jahr 1981 jede Menge Platz für Bandinterviews und Musikfeatures einräumte und zudem eine eigene Compilationreihe unter dem Namen „Skate Rock" ins Leben rief. Der ultimative Soundtrack zum Skaten war somit vorerst definiert. Durchweg mit Punk-Rundumschlägen bestückt und anfangs natürlich noch auf den guten alten und in den Staaten so oder so viel länger angesagten Tapes veröffentlicht, konnten sich Bands wie Dead Kennedys, Minor Threat, Suicidal Tendencies, Black Flag oder die Circle Jerks von nun an zu Recht als Skaterock-Bands bezeichnen, denn ihr aggressiver Sound passte einwandfrei zur Skatephilosophie der Zeit: „Skate and destroy".

So gründete auch die Vertlegende Steve Caballero zur selben Zeit seine erste Band, The Faction. Die zunächst nur zwischen 1982 und 1985 bestehende Punk-Combo fand nach der Jahrtausendwende schließlich wieder zusammen, und auch das Thrasher Magazine setzte im Jahr 2005 nach dreizehn Jahren Pause besagte „Skate Rock"-Serie fort – nunmehr allerdings im digitalen Disc-Format. Darüber hinaus verhalfen die immer zentraler werdenden Skatevideos, in denen sich die Pros ihren musikalischen „backdrop" aussuchen konnten, der einen oder anderen Punkrock-Band zu einem Namen in der stetig wachsenden Szene.

Bereits in den 1980ern zeichnete sich ab, was schon bald darauf zu gespaltenen Skaterfraktionen führen sollte: Hip-Hop und Rap wurden neben Punk und Hardcore immer wichtigere Genres. Chuck D und Flavor Flav, die beiden New Yorker Polit-Rapper von Public Enemy, konnten spätestens seit ihrem zweiten Album aus dem Jahr 1988, „It Takes A Nation Of Millions To Hold Us Back", in der Skateszene haufenweise Fans für sich gewinnen. Und zum Crossover-Smash „Fight For Your Right (To Party)" von den damals noch unfassbar jungen Beastie Boys wurde bereits 1986 gerockt. Die mit der Skatevideo-Legende Spike Jonze befreundeten Beasties, die fünf Jahre zuvor noch Hardcore-Scheiben veröffentlicht hatten, katapultierten mit ihren beiden Folgealben, „Paul's Boutique" (1989) und „Check Your Head" (1992), zwei Hip-Hop-Klassiker in die Skatewelt, die noch heute ohne jegliche Staubschicht in den Plattenregalen stehen.

Selbst wenn Jordan Richter im bahnbrechenden „Video Days"-Meilenstein (1991) von Blind Skateboards musikalisch nach wie vor die Black Flag hochhielt, gingen mit dem Beginn der 1990er Jahre die Musikvorlieben in der Skatewelt erstmalig auseinander: Die Skatepunker entdeckten weiterhin neue Namen für sich (Bad Religion, NOFX, Pennywise) und ließen sich zeitweise auch zu Grungesounds hinreißen. Währenddessen zogen die Hip-Hop-Anhänger in den „Big Pants, Small Wheels"-Tagen zu dem dreckigsten West-Coast-Gangsta-Rap (N.W.A., Tim Dog etc.), den THC-Verherrlichungen von Cypress Hill und Funkdoobiest, bzw. der mit „Enter The Wu-Tang (36 Chambers)" (1993) gerade einsetzenden Wu-Tang-Albenflut kopfnickend durch die

Straßen. Oder sie lauschten den intelligenten Raps von Gang Starr und A Tribe Called Quest. Inzwischen war die Rap-Gemeinde in der Überzahl.

Auch wenn sich die in Hip-Hop- und Punk-Skater unterteilte Szene temporär auf Crossover-Releases wie den „Judgment Night"-Sampler (1994) oder Ice-Ts Bodycount-Projekt einigen konnte, setzte die Hip-Hop-Fraktion nach und nach zu immer neuen Höhenflügen an und schien irgendwann die Skatepunk-Bewegung vollständig verdrängt zu haben: Exemplarisch ist hier „Virtual Reality" (1993), das zweite Video von Plan B, in dem Carroll, Howard und Co. zahlreiche Songs der Westküsten-Rapper Souls of Mischief und Casual als musikalische Untermalung auswählten.

Als die XXL-Hosen dann wieder weitestgehend eingemottet waren, sollte die stilistische Vielfalt endgültig ausufern: Insgeheim schon durch Mark Gonzales' Part im 1991er Blind-Video eingeläutet, wo er das Jazzgenie Coltrane wiederbelebte (was perfekt zu seinem Freejazz-Skateboarding passte), konnte man plötzlich Soulfans, die Hip-Hop-Samples zurückverfolgt hatten, Classic-Rock-Skater, Technofreaks, Beatles- oder Cat-Stevens-Anbeter, Maiden-Metalfans und unzähliges mehr in der bunten Skatelandschaft ausmachen. Jeder Sound war ein Statement, das in der Regel mit dem Skatestyle korrespondierte. Mit der Gründung der Vans Warped Tour im Jahr 1995 bekam schließlich auch der Punkspirit wieder ordentlich Rückenwind: Die jährlich wachsende Festivaltour, in deren Rahmen auch BMX und Motocross nicht zu kurz kamen, machte Bands wie The Offspring oder Descendents zu direkten Nachfolgern der früheren Skatepunk-Bewegung.

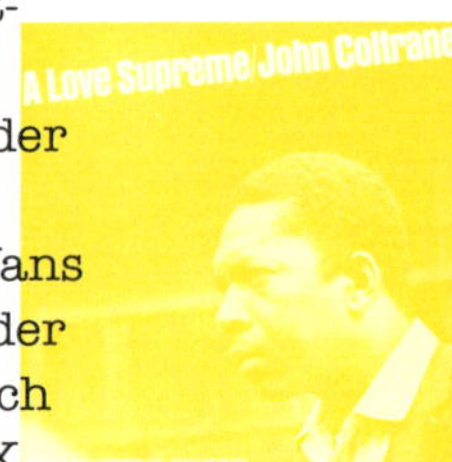

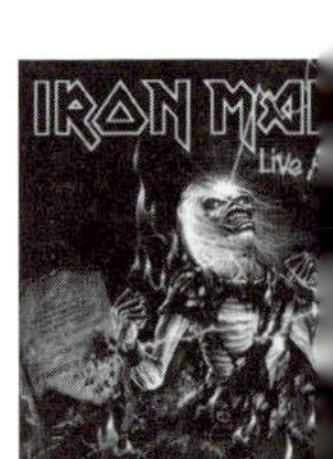

Als außerordentlich kreativ erwies sich letztlich eine Reihe von Skatern aus der kalifornischen Bay Area, insbesondere Tommy Guerrero, Chris Pastras und der spätere Hollywood-Star Jason Lee. Nicht ohne Grund tauften Pastras und Lee ihre nach einer zwischenzeitlichen Auszeit kürzlich wiederbelebte Skatecompany „Stereo Sounds". Neben Do-It-Yourself-Soundtracks, die sie für ihre Videos aufnahmen, bezogen sie auch Jazz ein, während Guerrero, das einstige Bones-Brigade-Wunderkind, seit Mitte der 1990er immer mehr Zeit mit seiner Gitarre verbrachte und schließlich sogar eine erfolgreiche Musikerkarriere antrat: „Loose Grooves & Bastard Blues“, sein 1997 veröffentlichtes Debütalbum, wurde nach einem limitierten Release auf Galaxia sofort vom Londoner Hipster-Label Mo’Wax aufgekauft und weltweit vertrieben. Seither hat er alle drei Jahre ein Album nachgelegt.

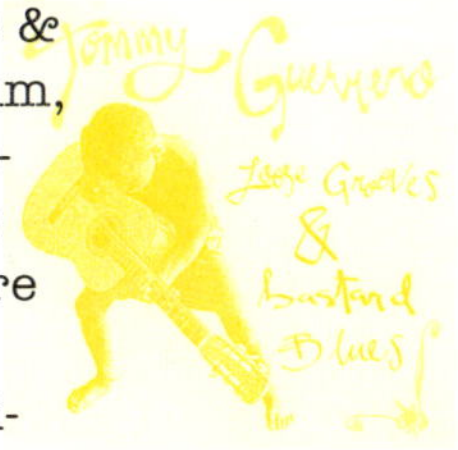

Ray Barbee, ehemals der Mr. Smooth der Bones Brigade, tat es ihm gleich und veröffentlichte ebenfalls seine zurückgelehnten Gitarren-Sounds auf Galaxia, während der einstige Handrail-Chef Chad Muska seinen Hip-Hop-Wurzeln treu blieb. An seinem Muskabeatz-Projekt arbeiteten selbst die übergewichtige Beatbox-Legende Biz Markie und Flavor Flav mit.

Seit der Jahrtausendwende hat sich besagte Stiloffenheit stetig fortgesetzt, und so stört sich heute nicht einmal ein fanatischer Avant-Hop- oder Punkfunk-Skater daran, wenn Tom Penny seine Trademark-Kickflips zu einem Song von The Verve macht. Anything goes. Sogar Santana. Und gleich danach AC/DC. Hauptsache, da ist ein Geräusch, das sich mit dem Pop des Tails zu etwas Größerem verbindet.

Vom T-Shirt zur Designer-Jeans

Skateboardmode gestern und heut

Skateboarder sind ein modebewusstes Völkchen. Guter Stil steht für viele nicht nur bei der Ausführung der Tricks im Vordergrund, sondern auch bei der Kleidung, den Schuhen – dem allgemeinen Auftreten eben. Sobald sich Skater zu einem Contest oder sonstigen Massenveranstaltungen zusammenfinden, sind gleichzeitig jede Menge extravaganter Style und Flair auf einem Fleck versammelt. In der Masse betrachtet lassen sich gewisse Trends und wechselnde Moden im Skaten nicht leugnen. Ebenso peinliche Style-Sünden im Laufe der Jahre, über die heute niemand sprechen mag. Aber bewährte Kleidungsstücke wie Hooded Sweater oder Cargo Pants sind bis heute erhalten geblieben und oft findet der modische Geschmack der Skater auch jede Menge Nachahmer im Mainstream.

Eine bei amerikanischen Skateboardprofis sehr beliebte Verkleidung zu Halloween ist der Auftritt als „Old School Skater“ aus den 1980ern. So richtig mit extrabreitem Skateboard, Painter-Cap mit hochgeklapptem Schirm und Vision-Street-Wear-Shirt. Am besten noch die engen Jogging-Hosen mit aufgedrucktem Knochenmuster von Powell dazu, nicht zu vergessen ein Hip-Bag um die Hüfte und dicke Airwalks an den Füssen. Das sorgt für Lacher. „Wie konnten wir nur?!“, schlagen sich die Skater heute auf die Schenkel, wenn sie das einst absolut gängige Outfit vor Augen geführt bekommen. Bleibt nur die Frage, wie die Skater von morgen in einigen Jahrzehnten über die Styles von heute urteilen werden.

Denn seit es Skateboards gibt, haben Skateboarder auch durch ihre Kleidung versucht, das dazugehörige Lebensgefühl auszudrücken und sich zu Skateboarding zu bekennen. Grundsätzlich ist festzuhalten, dass Skateboarding eben doch mehr ist, als „nur“ ein Sport. Skateboarding ist Lifestyle, Ausdrucksform und Bewegungskunst. Und dementsprechend geben sich die Aktiven nicht bloß mit ein paar standardmäßigen Trikots und Turnschuhen zufrieden. Obwohl selbst dieser „Athletic Style“ durchaus eine vor allem bei Hip-Hoppern beliebte Modespielart im heutigen Skateboarding ist, wenn auch nur eine von vielen.

Skateboardmode ist im Grunde genommen ebenso vielfältig wie die Individuen, die sich unter dem bunt gemischten Label „Skateboarder“ zusammenfassen lassen. Wie überall sonst in der Mode gibt es Trends und Trendsetter, Nachahmer und Exzentriker, Vorreiter und Retro-Freaks. Für jeden Geschmack ist etwas dabei, grundlegende Voraussetzung für alle Skateboardbekleidung bleibt jedoch, dass man sich darin wenigstens einigermaßen auf dem Brett bewegen kann. Sonst ist eigentlich jede Menge Raum für Experimente und Vielfalt, was ebenso gut wie schlecht sein kann, wie der folgende Streifzug durch die Skatefashion beweist.

Aller Anfang ist schwer – und teuer

Das erste skateboardspezifische Kleidungsstück eines jeden Skaters ist oft ein T-Shirt mit dem Logo einer angesagten Marke. Meist muss das erste Skateshirt mühsam vom Taschengeld erspart werden, da es in der Regel ziemlich teuer für ein – nüchtern betrachtet – eher herkömmliches Baumwollshirt mit Aufdruck sein kann. Doch das nimmt der Anfänger gern in Kauf. Immerhin ist er jetzt Skateboarder. Und mit dem T-Shirt kann er seine Zugehörigkeit endlich der ganzen Welt mitteilen, vor allem auch dann, wenn er sein Board gerade mal nicht dabei hat. Historisch gesehen waren T-Shirts von Skateshops – bzw. Surfshops, die auch Skateboards verkauften – sowie Shirts von südkalifornischen Skateparks wohl die ersten Exemplare von Skateboardbekleidung. Auf dem Sammlermarkt bringen solche Originale heutzutage gutes Geld. Seitdem bleibt der Style der Shirts weitestgehend unverändert: Meist finden wir ein kleines Logo auf der Brust und ein großes Logo auf den Rücken gedruckt. Fertig ist das Skateshirt!

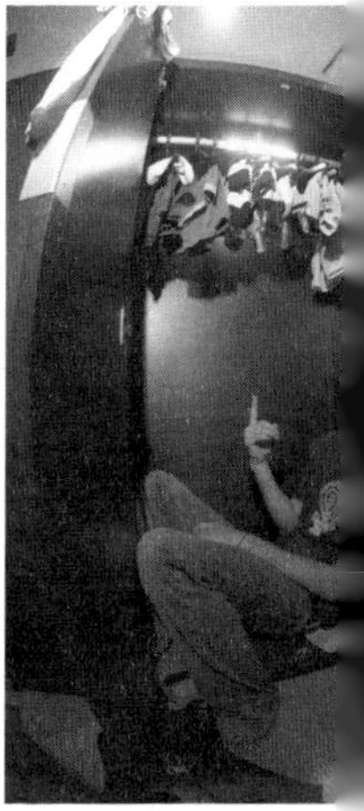

Michael Mackrodt: Syle geht bis ins letzte Detail

Mittlerweile umfasst Skatefashion natürlich ein viel breiteres Spektrum als nur bedruckte Shirts. Und dementsprechend kostet das ein oder andere Stück dann auch mal locker mehr als das Brett, man denke nur an aufwändige Jeans oder angesagte Schuhe. Skatemode ist ein weites Feld, das bei genauerem Hinsehen von Kräften bestimmt wird, die unterschiedlich stark zusammenspielen: Auf der einen Seite steht die Funktionalität eines Kleidungsstücks, also wie gut es den Anforderungen beim Skateboarding in punkto Tragekomfort, Elastizität und Widerstandsfähigkeit gerecht wird. Und auf der anderen Seite steht der Flair der Anziehsachen, also die Möglichkeit, eine stilistische Aussage zu machen, Aufmerksamkeit zu erregen. Idealerweise hat ein gutes Stück Skateboardbekleidung natürlich von beidem etwas – man soll darin skaten können und will trotzdem noch gut aussehen und eventuell ein wenig auffallen.

Es gibt viele Möglichkeiten, sein Board zu tragen …

Was ihren Umgang mit Mode angeht, sind auch die Skateboarder selbst in zwei Lager gespalten. Die einen, nennen wir sie mal „Hardcore-Skater“, kümmern sich relativ wenig um irgendwelchen modischen Firlefanz und geben ihr mühsam zusammengespartes Geld lieber für ein paar neue Rollen oder Kugellager aus als für die neuste Designerjeans mit eingearbeiteter iPod-Tasche. Die Hardcores sind eigentlich so alt wie Skateboarding selbst. Ihr Motto lautet seit jeher: „Function before fashion“, also Gebrauchswert vor modischen Ansprüchen. Auf der anderen Seite stehen diejenigen Skateboarder, die durch sorgsam gewählte Kleidung einen gewissen Style verkörpern. Nennen wir sie mal „Attitude-Skater“. Die gibt es auch schon seit Urzeiten. Denken wir nur an Tony Alva und sein Team von Punk-Skatern mit Lederjacken, zerrissenen Jeans und Dreadlocks. Sie machten bereits in den 1960ern eine stilistische Aussage, die weit über die Funktionalität der Kleidung und den sportlichen Charakter von Skateboarding hinaus ging. Einflüsse aus der Musik und Untergrundbewegungen wie etwa Punkrock oder den Streetgangs von Venice Beach kamen ins Spiel. Skateboarding wurde zu einer Plattform, die nach vielen Seiten offen war – solange man noch in den Klamotten skaten konnte.

Die Grenzen zwischen Attitude und Hardcore sind oft nicht leicht zu ziehen. Denn meistens möchten sich vie-

… verpöhnt ist unter Skatern vor allem dies eine: der "Mall Grab".

le stilbewußte Attitude-Skater gleichzeitig gern als absolut „Hardcore“ darstellen. Jedenfalls sahen sich Tony Alva und seine Z-Boys damals sicherlich als die „wahren“ Verfechter des neuen Skateboard-Lifestyles, als härtester Kern des Hardcores. Dagegen ist einzuwenden, dass man Spielereien wie Lederjacken, Bandanas und Tattoos nicht grundlegend zum Skateboarden braucht. Sie sind Zubehör, Accessoires – sprich „Flair“. Und Flair ist eben nun mal Mode, egal wie grimmig man beim Smithgrind im Pool auch dreinschauen mag!

Skateboardmode oder Modeskater?

Allgemeine Empörung macht sich unter Skateboardern breit, wenn Außenseiter ihren Style kopieren. Oder besser noch, wenn Nicht-Skater versuchen, sich mithilfe von Flair und Accessoires als Insider in Szene zu setzen. Dann wird mit dem Finger gezeigt und lauthals „Poser“ gerufen. Und als Poser will niemand gelten, vor allem nicht Skateboardanfänger, die sich noch nicht genügend Skills angeeignet haben, um auf den ersten Blick als „echte“ Skater erkennbar zu sein. Sie verbringen die ersten Wochen auf dem Brett in ständiger Angst, als Poser abgestempelt zu werden und sind gut beraten, sich mit dem Anschaffen von außergewöhnlichem Flair noch etwas zurückzuhalten … jedenfalls bis die Ollies richtig sitzen. Wenigstens weist das Board der

Anfänger bald einige Schrammen und Kratzer auf, was aller Welt signalisiert, dass hier jemand sein Board nicht nur zur Dekoration durch die Gegend schleppt und dementsprechend auch ganz legitim seine Skateklamotten dazu tragen „darf“. Denn nichts entlarvt den Poser und Modeskater schneller, als ein vollkommen makelloses Brett ohne Gebrauchsspuren, am besten noch mit einer Hand um die Achse getragen, im sogenannten „Mall Grab“ (aus dem amerikanischen für „Einkaufszentrum-Griff“). Donald Campbell, Besitzer der Düsseldorfer Skatefirma Peek, bietet im neuen Video der Firma einen speziellen Service an: „Pimp my Board“. Hier können Modeskater ihr nagelneues Brett im Shop abgeben und es von Donalds Team mal „richtig abshredden“ lassen, damit es die nötigen Spuren von Grinds und Slides aufweist. Natürlich ist das alles als Scherz gedacht, aber ein Körnchen Wahrheit ist dabei.

Denn ebenso wie die Kleidung selbst unterliegt auch die Popularität von Skateboarding gewissen Modewellen. Mal stehen Skateboarder und der „Skater-Look“ ganz oben in der allgemeinen Gunst, dann schert sich wieder niemand darum, was Skater tun oder anziehen. Wenn Skaten dann aber wieder mal „hip“ ist, wollen alle dabei sein – auch wenn sie sich nicht besonders geschickt auf dem Brett anstellen. Der größte Dauerbrenner in der Mainstream-Mode sind sicherlich Skateschuhe. Diese lassen sich mittlerweile kaum noch aus dem Straßenbild wegdenken, und die Zeiten, in denen man einen gleichgesinnten Skater anhand seiner Fußbekleidung identifizieren konnte, sind längst vorbei. Die Skater haben sich damit abgefunden, die Geschäftsleute unter ihnen haben sich an dem Skateschuhboom eine goldene Nase (und mindestens drei Porsche) verdient. Die Klassiker unter den Skateschuhen sind Vans Shoes mit ihrer charakteristischen Naturgummisohle im Waffelmuster. Schuhe von Vans blieben im Design über die Jahre weitestgehend unverändert, zumindest was die für modebewusste Kunden interessanten Modelle angeht; also Klassiker wie niedrige Slip-Ons oder die klassischen High-Tops. Weiterhin haben Skateschuhe

Anfang der 1990er Jahre einen entscheidenden Sprung von eher klobigen und hochgeschnittenen Schuhen – wie etwa Airwalk und Vision Street Wear – zu leichteren, niedrigen Modellen gemacht. Bedingt war diese Veränderung durch eine Vielzahl an neuen Tricks im Streetskaten, die erhöhte Beweglichkeit im Fußgelenk und dünnere Sohlen am Schuh erforderten. Zur Überbrückung schnitten die Skater um 1992 eine Zeit lang kurzerhand die alten Modelle auf halber Höhe mit dem Teppichmesser ab, was besorgten Müttern weltweit das Herz brach. Bald schon zogen die Schuhhersteller nach und brachten niedrig geschnittene Schuhe mit breitem Fußbett heraus. Wegweisend im Design war hier der 1993 von Etnies vorgestellte Lo-Cut-Schuh, den die beiden Freestyler Don Brown und Pierre Andre entworfen haben. Mit seinen breiten Schnürsenkeln, festem Stand und gepolsterter Zunge setzte der Lo-Cut bis heute Maßstäbe im Aussehen von Skateschuhen.

Ein Ollie-Loch ist zwar kein Mode-Accessoire, aber immerhin der Beweis, dass man ein „echter" Skater ist. Reparieren kann man es mit Shoe Goo.

Denn gerade bei den Schuhen ist Funktionalität gefordert wie in keinem anderen Bereich der Skatebekleidung. Anderswo lassen sich auch mal Kompromisse machen – nur bei der Fußbekleidung ist Schluss mit lustig. Die Füße sind nun mal die wichtigste Verbindung zwischen Brett und Körper, also sollten Schuhe einen möglichst feinfühligen Umgang mit dem Board unterstützen. Ein Kriterium, das bei Modeskatern eher sekundär sein mag, denn bei ihnen wird man vergeblich nach den Ollie-Löchern auf Höhe des kleinen Zehs suchen, die für Skater charakteristisch sind. Modeskater achten eher auf den Flair, der sich in einen Schuh packen lässt. Und was Flair angeht, wurden im Laufe der 1990er so ziemlich alle Register gezogen.

In der Kunst, möglichst viele Firmenlogos auf einen Schuh zu packen, stellte DCShoes immer wieder neue Rekorde auf. Die Firma aus Südkalifornien gelangte außerdem zu Weltruhm, indem sie stilistisch wertvolle Schnörkel wie Mesh-Einlagen, reflektierende Logos, mehrfarbige Sohlen und aufwendige Air-Systeme in ihre Schuhe einarbeitete. Somit waren Skateschuhe in Sachen Flair ganz vorne dabei. Der Schnitt von Model-

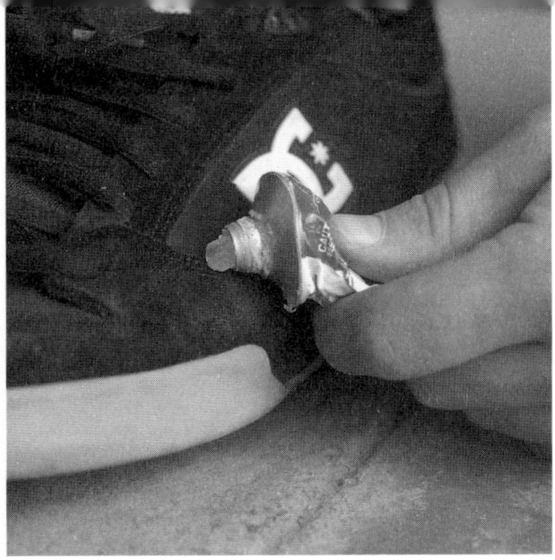

len wie dem „Boxer“ von DC wurde zum Design-Klassiker, der sich weltweit millionenfach verkaufte. Ein weiterer Spezialist in Sachen Flair war Kareem Campbells Firma Axion Shoes, die immer wieder frische Farbkombinationen brachte und die Grenze zwischen einem Skateschuh und einem reinen Laufschuh stetig verschwimmen ließ. „Darin soll man skaten können?“, fragten die Skater oft, wenn ein neues Modell auf den Markt kam, nur um festzustellen, dass auch klobige Modelle zum Fahren geeignet waren. Immerhin fingen Skateboarder seinerzeit mit herkömmlichen Turnschuhen wie Reeboks oder Nikes zu fahren an, die auch eher hochgeschnitten und stabil waren. Mittlerweile haben beide Firmen einen gehörigen Vorstoß auf den Skateboardmarkt gewagt. Sie sind dabei auch für eine Rückentwicklung zu „dickeren“ Schuhen verantwortlich. Es gibt eben nichts Neues unter der Sonne.

Der allgemeine Trend bei den Schuhfirmen geht zur zweigleisigen Kollektion. Für den Skatemarkt bieten sie funktionell hochwertige Skateschuhe mit überzeugenden Features wie dem hervorragenden G2 Air System von Sole Tech. Und für den Modemarkt gibt es gleichzeitig immer wieder verspielte Designs und streng limitierte Auflagen von Sondermodellen. Darüber freuen sich die Sneaker-Freaks, die bei eBay auch mal 400 Euro für ein seltenes Paar Nikes bezahlen. Wer vorhat, damit

Vision-Street-Wear-Anzeige, 1988

Eddy Hartsch: Funky Boardslide, 1989

tatsächlich Skaten zu gehen, wischt sich wahrscheinlich auch mit Dollarscheinen den Hintern ab. Nicht zu übersehen ist jedoch, dass Skateboardschuhe eine dauerhafte Beliebtheit haben, wie sonst kein anderes Stück Skateboardmode.

Ein Blick zurück

Bei diesem Stichwort kommt die Frage auf, ab wann der Begriff „Skateboardmode“ überhaupt treffend verwendet werden kann. Skateboardmode als Massenphänomen begann in den 1980ern, als Skateboarding plötzlich in aller Munde war und Jugendliche auf der ganzen Welt den Style der Skater „total cool“ fanden. Skateboarding war plötzlich überall: In Kinofilmen („Zurück in die Zukunft“ und „Police Academy IV“), in TV-Werbungen und in Illustrierten, ja sogar in traditionellen Familienfernsehsendungen wie dem „Aktuellen Sportstudio“ am Samstagabend. Dementsprechend füllten Skateboardklamotten die Straßen und Schulhöfe. In Sachen Mode begingen die Skater zwar seitdem mehrfach Sünden und stilistische Fehltritte, die den Rückblick durch die Jahrzehnte der Skateboardkleidung oft zur „Hall of Shame“ werden lassen. Aber einige gelungene Styles sind ebenso erhalten geblieben und haben sich fest als Skatemode etabliert.

Bei den Klamotten bestimmten drei Marken maßgeblich den Style der 1980er: Zum einen Vision Street Wear mit ihren Logo-T-Shirts, den unverwechselbaren, bis oberhalb des Knies reichenden Shorts mit ausgefallenen Mustern (etwa Gator, Jinx oder Skull) sowie ihren Kopfbedeckungen vom soldatenähnlichen Barett bis zur Painters Cap mit hochgeklapptem Schirm. Zwar ist Vision mittlerweile in der Versenkung verschwunden, doch damals schaute die (Skate-)Modewelt auf ihre Designs. Ebenfalls sehr prägend waren Powell Peralta Skateboards mit ihren Totenkopfdesigns, die sie auf T-Shirts und engen Jogginghosen sowie auf Kopftücher gedruckt unter die Leute brachten. Beim Anblick der Grafiken werden Skater noch heute nostalgisch. Und nicht zu vergessen sind Santa Cruz Skateboards, die ihre „Screaming Hand"- und „Bullet"-Logos auf Kapuzenpullis druckten – Hoodies sind heute ein Grundbaustein der Skatemode – und Umhängetaschen für die Hüfte (sog. Hip Bags) in Mode brachten. Natürlich trugen auch viele kleinere Firmen etwas bei, man denke an Surf-Styles von Jimmy'Z und Stüssy oder Punk mit Lederjacken und Dreadlocks von Alva und Bad Boys Club. Bei den Schuhen waren hochgeschnittene Modelle mit Klettverschlüssen von Airwalk angesagt, ebenso Vans und Schuhe von Vision. Die 1980er waren auch die große Zeit der „Skate-Betties", weibliche Skatefans die selbst nicht geskatet sind, den Skatern aber viel liebevolle Unterstützung gaben. Zwar hatten die Firmen noch nicht den riesigen Markt für Girlie-Clothing entdeckt, aber die Betties waren schon zufrieden, wenn sie sich im Hoodie ihres Freundes kuscheln durften, während dieser Railslides an einer Parkbank übte.

Irgendwann hatten die Betties aber die Nase voll von Skateboardfahrern – sie schwitzten eben viel und hatten mehr Zeit für ihr Board als für ihre Freundin – und auch in der allgemeinen Gunst des Mainstreams büßte Skateboarding Anfang der 1990er viele Punkte ein. Skatefirmen starben wie die Fliegen weg, die Skatehefte wurden zunehmend dünner und viele Skateboardstars mussten sich nach einem „richtigen" Job umschauen. Wer noch Skateboard fuhr, war Teil eines harten Kerns.

Auf diese Weise mit sich allein gelassen fingen die Skater an zu experimentieren – sowohl mit ihren Tricks als auch mit ihren Klamotten. Die 1990er waren die große Ära des Streetskatens und die neuen, komplexeren Tricks forderten mehr Bewegungsfreiheit. Streetpioniere wie Matt Hensley, Mike Vallely und Jason Lee skateten in weiten Armeehosen – auch Cargo Pants genannt – oder schnitten diese zu Shorts ab. Hensley war wohl auch fast im Alleingang für den Siegeszug des Chain Wallets verantwortlich, jedenfalls rannten Skater überall in Motorradläden und holten sich eins. Jason Lee brachte fertig abgeschnittene Cargo Shorts der Firma Ghetto Wear in Mode. Und während der weit gehaltene Schnitt dieser Hosen noch einigermaßen human war, konnte niemand ahnen, was als nächstes passieren würde: Die „Big Pants, Small Wheels"-Ära im Skaten brach an. Während die Rollen der Boards auf bis zu 37,5 mm Umfang schrumpften, wuchsen Hüftumfang und Weite der Hosen ins Gigantische. Vor allem die Fahrer der Firma New Deal waren für diesen Style verantwortlich, in dessen Rahmen überall auf der Welt Skater mit riesigen Ballerhosen bei Schritttempo versuchten, ihr Brett möglichst wild mit den Füßen herumzuzwirbeln. Teilweise konnte man die Schuhe unter den Hosenbeinen nicht mehr sehen, so weit waren sie geschnitten. Natürlich trug man dazu auch T-Shirts in Übergröße, am besten bis zu 4-fach XL.

Skater in Deutschland mussten erfinderisch sein, um beim neuen Trend aus den USA mitzumachen. Hosen mit Hüftumfang bis 52 gab es hierzulande anfangs nur bei C&A, also wunderten sich die Fachverkäufer über die dünnen Teenager, die plötzlich wie wild auf Hosen für stark beleibte Kunden waren. Und während Baggy Pants heute niemanden mehr aus der Fassung bringen können – sind sie doch dank MTV und dem Einfluss von Rap-Musik auf die Popkultur zur Normalität geworden –, reagierten Lehrer, Klassenkameraden und Mütter damals nur mit Kopfschütteln und Belustigung auf die Riesenhosen der Skater. Wovon die Skater sich natürlich nicht beirren ließen. Allgemein belächelt trafen sie

Backyard Babies, Vans Warped Tour, 1998

sich auf dem Supermarktparkplatz und übten dreifache Pressure-Flips bis die Schwarte krachte. Aber alle diese Experimente in Sachen Tricks und Kleidung hatten auch etwas Gutes: Gegen 1994 wird der Skatestyle wieder solider, die Tricks ansehnlicher und kontrollierter ausgeführt. Und auch die Mode bekam sich wieder ein. Die Riesenhosen trugen mittlerweile andere, genauer gesagt Raver auf Techno-Veranstaltungen in England. Baggy-Jeans in hellem Stoff waren jetzt der letzte Schrei, getragen von angesagten Streetfahrern wie Rick Howard, Mike Carroll und Eric Koston. Und dann kam es ganz dick: Ab Mitte der 1990er war Skateboarding fast völlig dem Hip Hop verfallen – dicke Kopfhörer, Wu-Tang-Clan, Nylon Pants, Adidas, Beanies und Hoodies prägten die Skateparks. Einzig nennenswerte Gegenbewegung waren Stereo Skateboards aus San Francisco, die sehr von Jazz inspiriert mit engen Work-Pants und Cordhosen sowie Poloshirts und langärmligen Hemden eine neue Eleganz ins Skaten brachten. Nicht zu vergessen der Punkrock, der als Dauerbrenner im Untergrund überlebte und sich auf seinen Siegeszug vorbereitete.

Der Siegeszug des Punk kam dann auch – und zwar gewaltig. Um das Jahr 2000 erhielt der fast schon zum Einheitsstyle geratene Hip-Hop im Skateboarding mächtige Konkurrenz. „Punk's not dead!“ Durch Skater wie

Kleider machen Leute, Leute machen Kleider: Stephan Günther

Kleiner Mann, lange Rastas: Nyjah Huston

Dustin Dollin, Jim Greco, Eric Ellington und die anderen Konsorten von Baker Skateboards oder Zero kamen enge Hosen, Guns&Roses, Totenköpfe, Lederjacken, Nietengürtel, lackierte Fingernägel und gefärbte Haare groß in Mode.

Heute rennen Skater in Deutschland wieder zu C&A – diesmal jedoch in die Damenabteilung. Denn nur dort gibt es hautenge Jeans in Mädchengrößen, die auch den richtigen Stretch zum Skaten erlauben. Mit der plötzlichen Popularität des Punkstyles ist Skaten momentan in zwei Lager gespalten: Die Hip-Hopper gehen angesichts der punkigen Konkurrenz ebenfalls zu Extremen über und die Hosen werden wieder um einiges weiter, während auch die riesigen Shirts wieder in Mode sind. Als Kopfbedeckung boomen Mützen von New Era, von denen einige Skater bis zu fünfzehn Stück besitzen. Obwohl auch dieser Style schon am Abflauen ist.

Zu "in" ist eben zu viel

Denn wenn ein bestimmter Trend erst einmal zu „in" geworden ist, wenn also „jeder Horst" damit herumläuft, lassen ihn die Skater meist fallen. So geschehen bei den Trucker Caps, die Dank des Rappers Pharell Williams groß in Mode kamen. Um 2003 trugen Skateboarder weit und breit die sonst als uncool verschrienen Schirmmützen mit Gumminetz. Auf allen Partys und im Nachtleben sah man die Caps, jede Skatefirma hatte sie im Katalog, am besten in Neon oder mit Buttons drauf. Doch irgendwann wurde den Skatern der Hype zu viel – denn spätestens wenn selbst die uncoolsten Nicht-Skater mit einer solchen Mütze zu sehen und sie in bestimmten trendigen Stadtteilen Berlins fast schon zur Uniform geworden sind, ist der Ofen aus. Die Skater suchten sich neue Kopfbedeckungen und irgendwo in der Wüste von Nevada gibt es ein riesiges Loch, in dem die Skatefirmen einige Millionen nicht verkaufter Truckermützen verscharrt haben. In den 1980ern erlitten Hip Bags das gleiche Schicksal – einst konnten Skater nicht genug von ihnen bekommen, heute tragen sie meistens nur noch Hütchenspieler, Prostituierte und Junkies. Die Ballerhosen von einst tragen heute, wie gesagt, die Raver und es bleibt abzuwarten, wann der New-Era-Trend sich ausgespielt hat.

Insgesamt mögen Skateboarder nämlich den ausgefallenen Geschmack, den seltenen Stil, selbst wenn sie ihn sich dann in Massen aneignen. So haben in der Skateboardgeschichte vor allem die Exzentriker unter den Fahrern neue Modewellen ausgelöst. Immer wieder stechen einzelne Pros mit ihrem Stil aus der Masse heraus. Teilweise werden sie von vielen kopiert, wie der Punk-Gypsy-Style von Ali Boulala oder der „White B-Boy"-Look von Chad Muska. Auch der Hip-Hop-Flavour eines Kareem Campbell oder Stevie Williams hat Flair und frische Einflüsse ins Skaten gebracht, die weltweit ins Moderepertoire der Fahrer eingingen. Oder die Tattoos von Jason Jessee und die Kopftücher von Jamie Thomas. Manchmal traut sich aber auch niemand, in solch modischen Extreme zu verfallen, wie einige Pros sie für sich entdecken – man denke an die engen Radlerhosen von Christian Hosoi aus den 1980ern, die Hochwasserhosen von Ed Templeton oder das neue Irokesen-Straßenkinder-Outfit von Jason Dill. Irgendwo ist also selbst für modisch weltoffene Zeitgenossen wie Skateboarder ein Limit erreicht. Obwohl Skateboardmode heutzutage in Sachen Individualität und Eigeninitiative so lebendig ist wie nie zuvor. Die Zeit der Ein-

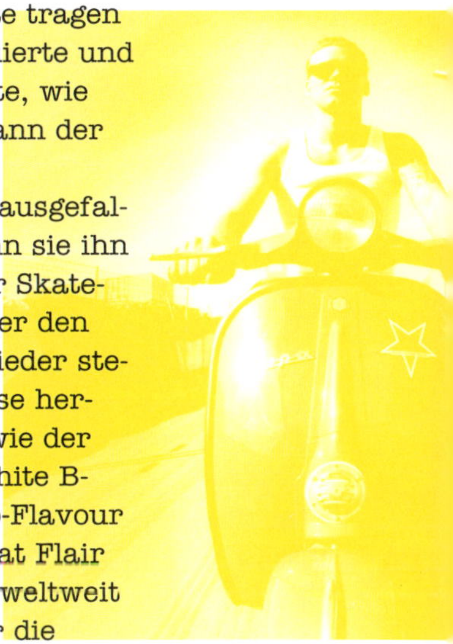

heits-Styles á la „Big Pants, Small Wheels“, denen jeder hinterher läuft, ist vorbei.

Bleibt die Frage, ob Skateboarder ihrerseits wirklich Modewellen ins Rollen gebracht haben. Immerhin sind „Urban Style“ und „Streetwear“ heutzutage ein angesagtes Thema auf den großen Modemessen der Welt von New York bis Barcelona. Und hierzu haben Skateboarder vieles beigetragen und wichtige Trends „erfunden“, oder? Nun, bei genauerem Hinsehen sehen wir wieder einmal, dass vor allem in der Mode eigentlich alles schon einmal in irgendeiner Form da gewesen ist. Der Punkstyle von heute mit seinen hautengen Jeans, Totenköpfen und Kopftüchern ist auch nur eine rollende Version des Glamrocks und Black Metals der frühen 1970er. Die unter der Hüfte getragenen Chino Pants in Kombination mit weißem Unterhemd (Wifebeater) und weißen Turnschuhen kennen wir von Latino-Gangstern aus den 1980ern. Riesenweite Jeans und riesige T-Shirts (Ooooweeees) sowie New-Era-Mützen in Kombination mit Kopftüchern haben afroamerikanische Streetgangs in Mode gebracht. Das Chain Wallet ist seit jeher Grundbestandteil im Outfit jedes Motorradrockers. Bleiben vielleicht Cargo Pants, die Skater als Teil ihres Looks erfunden haben könnten, doch auch die sind ja aus dem Army-Store und somit nur Leihmittel. Was Skateboardmode aber einzigartig macht, ist die Experimentierfreude, mit der Skateboarder an neue Stilrichtungen herangehen und die Größenordnung, in der die Skateboardgemeinde neue Kleidungstrends aufnimmt und sich aneignet. Durch dieses gewaltige Ausmaß der Kleidungskonventionen wird auch der Mainstream hellhörig. Und wenn dann alles zu populär wird, lassen die Skater die Styles wieder fallen und suchen sich etwas Neues.

In Sachen Mode experimentieren Skateboarder also immer weiter. Ob allein vor dem Spiegel mit Klamotten aus dem Second-Hand-Laden oder in Massen, wenn gerade wieder ein neuer Trend wie New Era Caps oder Baggy Pants um sich greift. Es bleibt weiter spannend. Skateboardmode wird auch in Zukunft für einige Überraschungen gut sein, denn wie die Erfahrung zeigt, gibt es kaum Grenzen, kaum Extreme, die unberührt bleiben. Vor allem wenn der Mainstream anfangs lacht und mit dem Finger zeigt, machen Skateboarder unbeirrt weiter. Denn irgendwann rennt ja doch jeder Horst damit rum …

Ein Wort und seine Geschichte: "gnarly"

Wer Skateboarding lernen will, hat sich viel vorgenommen. Nicht nur die Tricks sind schwierig, auch die Sprache. In der Skateszene gibt es neben den unzähligen Trickbezeichnungen allerhand feststehende Begriffe, die sich über einige Jahrzehnte etabliert haben. Man braucht zwar keinen Sprachkurs, aber Wörter wie „sketchy“, „lofty“ oder „shredden“ haben im Skateboarding ihre eigene Bedeutung. „Gnarly“ ist eines dieser Wörter. Es bedeutet „rau“ oder „knorrig“ und wurde eigentlich aus dem Surfer-Slang entlehnt. Werfen wir einen kleinen Blick auf dieses nette Wort.

„Gnarly“ gehört zu denjenigen Wörtern, die man laut und deutlich aussprechen sollte, um zu verstehen, was sie bedeuten. G-N-A-R-L-Y. Hol dazu ganz tief Luft und füll deinen Brustkorb. Jetzt leg deine Zunge an den Gaumen und sprich es aus. Sag es langsam aber bestimmt, du darfst dabei grinsen, aber auf keinen Fall lachen: „gnarly“. Sprich es laut oder leise, ziehe das „r“ in die Länge oder verschluck es ganz. Wie man es auch macht, das Wort „gnarly“ hat einen besonderen Zauber und liefert seine Erklärung eigentlich schon im Klang mit, denn „gnarly“ hört sich einfach schon ziemlich „gnarly“ an. Aber woher kommt das Wort eigentlich?

Ursprünglich stammt das Wort von „gnarl“ – eine knöcherne Verwachsung in einem Baum. Die Form „gnarly“ tauchte schon 1829 in der englischen Sprache auf. Seine heutige Bedeutung kam aber erst in den 1950er Jahren des 20. Jahrhunderts auf. Kalifornische Surfer integrierten „gnarly“ in ihr Slang-Vokabular: An einigen Surf-Spots in Kalifornien wachsen Kiefern, deren knorriger und ungleichmäßiger Wuchs entfernt an das unruhige Meer mit seinen schäumenden Wellen erinnert. Die Locals fanden ihre eigene Bedeutung von „gnarly“ – unvorhersehbare und schwierige Surfbedingungen. Aber nicht nur das Meer konnte „gnarly“ sein. In der weiteren Entwicklung wandten es die Surfer auf all die Dinge und Situationen an, die auf irgendeine Art unvorhersehbar, überraschend oder schwierig zu überwinden waren. Alles, was im Detail kompliziert und anspruchsvoll war, verdiente die Bezeichnung „gnarly“. Dass auch die ersten Skateboarder das Wort benutzten, versteht sich beinahe von selbst.

Mack McKelton, Monster-Handrail Lipslide

Denn in der Anfangszeit war das Skateboard bekanntlich nur ein Zeitvertreib bei schlechtem Wellengang. Surfer und Skater waren also zunächst einmal Personen, die auf beiden Brettern „gnarly" sein konnten.

Skateboarding und Surfing nutzen verschiedene Elemente. Wasser und Asphalt sind starke Gegensätze. Die Einstellung dazu ist aber ähnlich. Der Surfer will im Wasser bestehen und in den Zustand völliger Kontrolle kommen. Er trotzt der Naturgewalt der Welle und nutzt sie sogar für seine eigene Bewegung. Er schafft eine Harmonie zwischen sich und dem Wasser, widersteht der zerstörerischen Kraft, die stark genug ist, ihn zu zermalmen. Der „gnarl" steckt in den kleinen aber potentiell tödlichen Details. Niemand kann eine Welle berechnen, sie ist ständig im Wandel und kann ungeahnte Kräfte ausüben. Dazu kommt der Wind. Er ist der Dirigent, der die Wellen spielen lässt und mit einem kleinen Fingerzeig alles umschmeißen kann. Derjenige Surfer ist „gnarly", der dem Chaos trotzt und sein Ding durchzieht.

Ein Skateboarder nutzt Asphalt, Beton, Stahl und alles andere, was die Stadtarchitektur ihm in den Weg stellt. Das Terrain des Skateboarders ist hart, grau und tot. Der Skateboarder findet seinen eigenen Weg durch die Elemente und „shreddet" was er sich vornimmt. Skateboarding ist bewusster, denn der Skater kann seine Objekte greifen und sehen. Er kann die Zeit anhalten und seine Ledge mit den Händen anfassen. Er kann seine Umwelt vermessen und berechnen, doch wird er dadurch nicht zum Herren seines Terrains. Wenn er einen Trick ansetzt, sieht die Welt anders aus. Jedes Obstacle ist anders. Es gibt keinen perfekten Spot, denn Real-Life-Skateboarding ist kein Videospiel. Der „gnarl" versteckt sich, aber kann dir in einem Augenblick die Schneidezähne ausschlagen. Der „gnarl" kann das raue Material sein, die kaum sichtbare Kante im Beton oder einfach nur der schlechte Boden der Ausfahrt. Manche Spots sehen einfach „gnarly" aus, ohne dass man weiß, warum.

Der „gnarly"-Skater setzt sich darüber hinweg. Er kennt kein Zögern und keine Angst. Wer „gnarly" sein will, fixiert das Terrain und zieht seinen Smithgrind trotz allem über die zerfurchte Ledge. Der „gnarly"-Skater bailt nicht, sondern slamt. Er steigt nicht ab, sondern wird von seinem Spot abgeschossen. Jst er „gnarly", macht er ihn trotzdem im nächsten Versuch. Wie der Surfer versucht auch er, Herr über sein Terrain zu werden. Was leicht aussieht, täuscht über die Tatsache hinweg, dass Skateboarding gefährlich ist. Das verlangt in jeder Sekunde vollste Konzentration. Der „gnarl" versteckt sich, vielleicht für lange Zeit. „Gnarly" ist Überlebensstrategie.

Heute sind nicht mehr nur Surfer und Sidewalk-Surfer „gnarly". Die Jnflation hat vor der Sprache nicht halt gemacht. „Gnarly" hat den Weg in die allgemeine Jugendsprache gefunden, und daher benutzt fast jeder US-Bürger, der sich auf der Höhe der Zeit befindet das Wort „gnarly". So gesehen ist seine Bedeutung mittlerweile ziemlich abgenutzt. Taxifahrer sind „gnarly", der Weg zur Bushaltestelle ist ganz schön „gnarly" und auch Gartenarbeit kann es sein. Aber wenn ihr wirklich wissen wollt, worum es sich dreht, geht raus auf die Straße und legt los. Der „gnarl" steckt im Detail!

Videos

Die visuell
Revolution

118/119

Skateboarding ohne Videos ist wie Basketball ohne Korb – es würde einfach etwas fehlen. Die Entwicklung des Skateboarding wurde wesentlich durch Videos geprägt und vor allem beschleunigt. Man bekommt oft schon nach wenigen Wochen zu sehen, was Top-Profis auf der anderen Seite des Globus gerade für innovative Spielereien treiben. Skatevideos sind das wichtigste Medium zur Verbreitung von Neuerungen im Skaten. Ob Tricks, Modetrends oder Musikrichtungen – man bekommt alles zu sehen und das meist sehr zeitnah. Durch das Internet hat sich die Verbreitung von Skatevideos in den letzten Jahren zusätzlich beschleunigt. Einzelne Parts kann man sich hier teilweise schon Wochen bevor das eigentliche Video herauskommt anschauen. Es gibt mittlerweile sogar Skatevideos als „podcasts", also als Clips, die man sich auf seinen i-Pod laden kann.

Skatevideos sind aber nicht nur eine Art Tageszeitung für Skateboarder, es geht nicht nur um das „up to date"-Sein. Videos haben auch eine große emotionale Wirkung und wer schon einige gesehen hat, kennt das Gefühl: den Drang, am besten noch in dieser Sekunde Skaten zu gehen. Man ist voller Motivation und will die neu gewonnene Inspiration sofort umsetzen. Viele Skateboarder lernen neue Tricks, nachdem sie ein Video gesehen haben. Durch die Einführung der DVD ist das Lernen noch einfacher geworden – die digitale Zeitlupe macht's möglich.

Heutzutage sind Videoproduktionen Großprojekte. Einzelne Fahrer filmen über mehr als ein Jahr, nur um ein paar Minuten auf Video zu dokumentieren. Dass ein einzelner Trick oftmals einen ganzen Nachmittag gedauert hat, sieht und weiß der Betrachter nicht. Und das ist auch nicht weiter tragisch. Was zählt, ist das Gefühl und der Moment, in dem der Trick geklappt hat. Der legendäre Tom Penny fühlte sich von den amerikanischen Videos einst so motiviert, dass sein Level beängstigende Ausmaße annahm. Er fuhr so sicher, dass er fast nie abstieg, denn er war fälschlicherweise davon

Es geht doch nichts über einen gemütlichen Videoabend

ausgegangen, dass die Videos, die er gesehen hatte, „echtes“, alltägliches Skaten zeigten. Als er später nach Amerika kam, schockierte er die dortige Szene, weil er im Gegensatz zu vielen Profis, seine Tricks tatsächlich immer stand.

Das Medium Skatevideo hat viele Gesichter. Zum einen gibt es das Company-Video, die eigentliche Urform, bei der die Profis und Amateure einer bestimmten Firma ihr bestes Skaten filmen. Daneben gibt es Videomagazine wie zum Beispiel 411 (USA) oder Puzzle (Europa), die in regelmäßigen Abständen erscheinen. Hinzu kommen etliche unabhängige Projekte, die immer wieder überraschenden Erfolg haben.

Wichtig ist beim Thema Skatevideos auch das Stichwort „Musik“. Der Song, den ein Fahrer in seinem Part hat, ist eine Art Soundtrack für sein Skaten. Der Part selbst wird damit zu einem Videoclip, der auch das Lied neu interpretiert. Viele Stücke sind durch Skatevideos erst bekannt geworden, andere wiederentdeckt. Bands wie Dinosaur Jr. oder Milk verdanken ihren Erfolg klassischen Videos wie „Video Days” von Blind Skateboards.

Powell-Peralta: „The Bones Brigade Video Show“ |1985|

Im Jahr 1985 brachte Powell-Peralta dieses Video heraus. Es kann als das erste Skateboardvideo angesehen werden, das im heute bekannten Format erschienen ist. Davor gab es eigentlich keine Videos, die das Team einer bestimmten Firma repräsentierten. Powell war damals eine der führenden Companies. Stacy Peralta hatte es sich zur Aufgabe gemacht, Skateboarding als actionreiche Aktivität zu dokumentieren und das gelang ihm mit den für die damalige Zeit dynamischen Aufnahmen sehr gut. Das Team bestand aus Steve Caballero, Adrian Demain, Todd Hastings, Tony Hawk, Mike McGill, Lance Mountain, Rodney Mullen, Stacy Peralta, Eddie Reategui, Kevin Staab, Steve Steadham und Per Welinder. Ein Video, das man aus heutiger Sicht als Zeitdokument betrachten kann.

Powell-Peralta: „Ban This“ |1989|

1989 erschien „Ban This“. Es war die mittlerweile sechste Produktion in der Reihe der „Bones Brigade“-Videos von Powell-Peralta und hatte die enorme Länge von siebenundsiebzig Minuten. Skateboarding war zu dieser Zeit gerade im Umbruch. Streetskating gewann an Bedeutung und daran war dieses Video maßgeblich beteiligt. Spätere Größen wie Frankie Hill, Ray Barbee, Paulo Diaz und der junge Guy Mariano hatten hier ihre ersten Auftritte. Das Video wurde sehr aufwendig mit Filmkameras gefilmt und der Soundtrack wurde eigens dafür produziert – ein sehr professionelles Gesamtbild. Stacy Peralta war für qualitativ hochwertige Produktionen bekannt und „Ban This“ markiert den Höhepunkt dieser Schaffensphase.

H-Street: „Hokus Pokus“ |1989|

Die Firma H-Street brachte gegen Ende 1989 ihr zweites Video „Hokus Pokus“ heraus. Es war im Vergleich zu den Powell-Videos eine Low-Budget-Produktion, da es ausschließlich auf Hi8-Video-Kameras gefilmt wurde.

Auf diese kostengünstige Weise bekam man sehr viele damals unbekannte Tricks zu Gesicht und die Trickevolution wurde erheblich beschleunigt. Man sah die ersten Frontside Flips in einer Halfpipe und erste technische Tricks an Handrails. Einige der wichtigsten Parts in diesem Video hatten Leute wie Sal Barbier, Danny Way, Ron Allen oder Matt Hensley, der heimliche Star der Produktion. Für den Soundtrack wurden Stücke von kleinen Bands aus der Gegend um San Diego benutzt.

Blind Skateboards: "Video Days" |1992|

„Video Days" gilt laut vieler Pros als das beste Skatevideo aller Zeiten. Spike Jonze war für die Produktion verantwortlich und machte sich damit erstmals einen Namen. Eine erstklassige Musikauswahl, die besten und innovativsten Skateboarder der Zeit und ein gefühlvoller Schnitt machen es zu einem Klassiker. Mit dem dreizehnjährigen Guy Mariano war ein Star geboren – sein Board war fast so groß wie er selbst. Rudy Johnson machte sich einen Namen mit Kickflip Nosewheelies und dem ersten Kickflip Backside Lipslide. Mark Gonzales fuhr zu einem experimentellen Jazzsong und lieferte einen in Sachen Technik, Flair und Innovation unerreichten Part – die Definition von kreativem Flow. Erste Nollies, Switch-Tricks, ein Frontside Grab, die Wallenberg-Blöcke. Jason Lee hatte den letzten Part und zeigte der Welt wie smooth man Skateboard fahren kann – die ersten stylishen 360 Flips waren geboren.

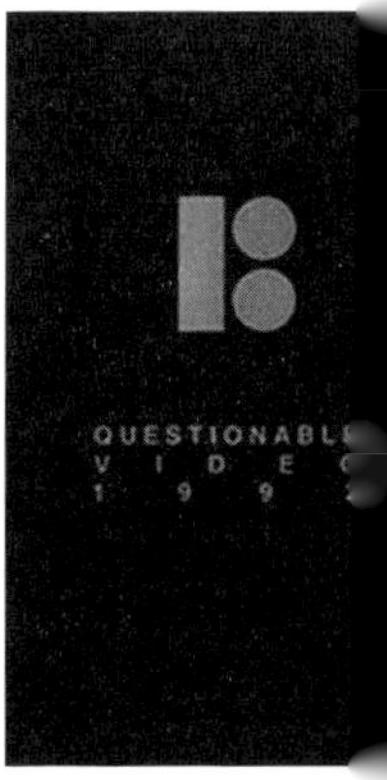

Plan B: "Questionable" |1992|

Im Jahr 1992 kam auch ein anderes legendäres Skatevideo heraus, „Questionable" von Plan B. Teammanager Mike Ternasky hatte es sich zur Aufgabe gemacht, das erste „Super-Team" in der Geschichte zusammenzustellen und dieses Video beweist, dass er Erfolg hatte. Der Einfluss reicht bis in die heutige Zeit. Pros wie Pat Duffy, Mike Carroll, Rick Howard, Danny Way und Colin McKay haben zum größten Teil diesem Video ihre Namen zu verdanken. Streetskating hatte gerade eine Hochphase erreicht und „Questionable" brachte es noch schneller voran. Pat Duffy öffnete der Welt die Augen in Sachen Handrails, Mike Carroll skatete stylisher und innovativer, als man es fassen konnte, und Danny Way zeigte, dass ihm weder in der Halfpipe noch auf der Straße jemand das Wasser reichen kann.

Toy Machine: "Welcome to Hell" |1996|

Ed Templetons Firma Toy Machine veröffentlichte im Jahr 1996 ihr drittes Video namens „Welcome to Hell". Dieses Video war wichtig, weil es den fast schon vergessenen Adrenalin-Flair zurückbrachte. In einer Zeit, in der die meisten Skater recht langsam fuhren, kam „Welcome to Hell" gerade richtig und öffnete einer ganzen Generation die Augen. Gerade Jamie Thomas läutete mit seinem Part einen regelrechten Handrail-Trend ein. Sein Part könnte unter dem Arbeitstitel „längster und härtester 50-50 Grind auf einem runden Rail" laufen. Aber nicht allein die Härte der Tricks machen dieses Video besonders und relevant, auch die Inszenierung und der durchgeplante Aufbau der Parts waren revolutionär. Herausragende Auftritte hatten beispielsweise Mike Maldonado, Ed Templeton und Elissa Steamer, die als erste Frau einen mitreißenden Videopart geschaffen hatte.

Girl Skateboards: "Yeah Right!" |2003|

Die Girl-Familie hat sich im Jahr 2003 einmal mehr mit Spike Jonze zusammengetan, um einen weiteren Meilenstein in der Geschichte des Skatevideos zu produzieren. Spike Jonze kann neben Hollywood-Erfahrung auf eine langjährige Tradition von hochwertigen Videos zurückblicken. „Yeah Right" ist ein 72-minütiges Meisterwerk, das in der Skateboardwelt nach seinesgleichen sucht. Die Zwischenparts waren oscarverdächtig und das Skating ist Dank Brian Anderson, Mike Carroll, Kenny Anderson, Brandon Biebel, Gino Iannucci, Eric Koston, Rick McCrank, Marc Johnson, Paul Rodriguez und vielen anderen außergewöhnlich. Es ist ein Video, das zeigt, dass die Entwicklung von Skateboarding noch lange nicht am Ende ist und dass Qualität immer siegt.

DC-Shoes: "The DC Video" |2003|

DC Shoes scheute für dieses Video weder Kosten noch Mühen. Die Aufnahmen sind durchgängig von höchster Qualität und perfekt zu einem passenden Soundtrack geschnitten, der für jeden Geschmack etwas bietet. Anthony Van Engelen fährt schnell und kraftvoll, Josh Kalis präsentiert Love Park und Brian Wennings Style und technische Finesse lassen viele Herzen höher schlagen. Die Amateure Robbie McKinley, Ryan Smith, Greg Myers, Lindsey Robertson und Ryan Gallant haben alle sehr gute Parts und Stevie Williams beweist, dass in seinen Waden ein unglaublicher Pop steckt. Am Ende kommt Danny Way und sorgt für offene Münder: DC hatte für ihn eine Megaramp gebaut und darin tobt sich Danny aus – in einem Run bricht er zwei Weltrekorde: weitester und anschließend höchster Air. In der DVD-Deluxe-Edition erweiterte er die Rampe um ein gebogenes Rail und einen überdimensionalen Curb. Ein Muss in jeder Sammlung.

Das eigene Skatevideo

Skatevideos kann man nicht nur kaufen, sondern auch selber machen. Das ist billiger und macht verdammt viel Spaß. Zusätzlich hat man einen nützlichen Lerneffekt: Wer sich selbst auf Video skaten sieht, profitiert vom Vergleich. Durch nichts kann man leichter eigene Fehler erkennen und korrigieren als durch selbst gedrehte Aufnahmen. Und mit einem digitalen Camcorder und der richtigen Software ist es möglich, in kürzester Zeit Zusammenschnitte mit Musik zu unterlegen. Hier ein paar Tipps für das Drehen des eigenen Skatevideos.

Kamera

Erlaubt ist, was der Geldbeutel hergibt. Die Wahl des richtigen Herstellers ist schon fast eine Glaubensfrage. Der eine schwört auf Firma X, der andere auf Firma Y. Klar ist, man sollte sich umhören und Rat bei Freunden mit Kameras holen. Die besten Ergebnisse erzielt man mit teuren 3-Chip-Kameras. Wichtig ist aber nicht nur die richtige Kamera, sondern auch die richtige Einstellung. Beschäftigt euch mit den Funktionen und nehmt immer einen Weißabgleich vor, damit die Farben natürlich wirken.

Fischauge

Ein Fischaugen-Objektiv ist wichtig, denn damit kann man nah an den Skater rangehen. Professionelle Fischaugen kosten fast 1000 Euro, aber für den Anfang tut es ein Fischaugenadapter, der für eine ähnliche Optik für teils unter 100 Euro sorgt.

Filmen

Sucher benutzen: Auch wenn es cool aussieht, aber „blind" filmen ist tabu. Auch die Profis raten: Jmmer den Sucher benutzen, denn dafür ist er da. Achtet darauf, dass der Skater in der Mitte des Bildes ist und nichts abgeschnitten wird.

Eine ruhige Hand

Verwackelte Aufnahmen können den besten Trick kaputt machen. Auch wenn es selbstverständlich klingt, achtet darauf, die Kamera immer schön ruhig zu halten. Besonders schwierig sind Kamerafahrten auf dem Board. Hier gilt: Übung zahlt sich aus.

Selbstkontrolle

Der beste Weg zum Erfolg führt über ständige Selbstkontrolle. Setzt euch nach einem produktiven Tag hin und überprüft euer eigenes Filmen. Vergleicht eure Home-Videos und schaut, was ihr verbessern könnt.

Jnteressante Perspektiven suchen

Jmmer nur Fischauge benutzen ist genauso uninteressant wie immer nur von weit weg zu filmen. Lasst euch etwas einfallen und wechselt die Perspektiven.

Dynamischer Schnitt

Nichts ist langweiliger als Videosequenzen, bei denen wenig passiert. Videos sollten actionreich sein und deshalb achtet auf einen dynamischen Schnitt. Zeigt die Tricks vollständig, aber keine unnötigen Sekunden, in denen nur gerollt wird.

Vorsicht mit Effekten

Bei den mittlerweile standardmäßig installierten Videoprogrammen kann man viele Effekte nutzen. Aber Achtung: Nur weil man etwas anwenden kann, heißt es nicht, dass man es sollte. Aufwändige Übergänge, Einfärbungen und schrille Schriften können von den wichtigen Dingen ablenken und das Ergebnis billig wirken lassen. Seht euch professionelle Skate-DVDs an und lasst euch inspirieren.

Musik unterlegen

Der richtige Groove: Ein gutes Lied für einen Skatepart zu finden ist nicht einfach. Passen sollte es, das ist die Grundregel. Achtet dabei vor allem auf den Style des Skaters. Fährt er aggressiv und schnell, ist vielleicht Gitarrenmusik angebracht. Fährt er flüssig und weich, solltet ihr über Jazz oder elektronische Beats nachdenken. Hip Hop? Ebenfalls immer eine Option. Legt das Lied probeweise unter das Skaten und checkt, ob es passt.

Passend schneiden

Bei einem guten Video wird ein Lied nicht einfach unterlegt – man schneidet die Tricks genau auf den Songs zu. Jm Jdealfall landet der Skater genau auf den Beat. Diese Schnittechnik erfordert allerdings einiges an Übung. Videoschnitt ist wie Klavierspielen – mit der Zeit kommt das Gefühl für den Takt und die Feinheiten. Auch hier gilt: Seht bewusst hin, wie die Profis es machen.

Paul Rodriguez auf dem Sprung in ein Video

Basics
126/127

„Basics lernen“ – das klingt wie Hausaufgaben machen oder Gartenarbeit, verdammt langweilig. Tony Hawk macht auch keine Basics, sondern fasst sich ein Herz und katapultiert sich mehrere Meter per McTwist, 900° oder riesigem Air über die Halfpipe. Wer will Basics lernen, wenn man gleich mit den richtigen Tricks anfangen kann? Also raus auf die Straße und ein paar schöne Kickflips auf den Asphalt legen? So einfach stellen sich viele Anfänger den Einstieg vor, aber nach einigen Wochen oder gar Monaten stellen sie fest, dass sie sich noch nicht weit fortbewegt haben – im wahrsten Sinne des Wortes. Kein Zweifel: Basics sind super wichtig.

Viele Einsteiger verzweifeln an den vermeintlich einfachen Tricks, die doch beim Zusehen so plausibel wirken. Dabei gibt es eine Menge Dinge zu lernen, noch bevor man mit den richtigen Tricks anfängt. Die Zeit, die ihr in die Basics steckt, zahlt sich später aus. Auch eine Legende wie Tony Hawk oder der dreimalige Weltmeister Bastien Salabanzi aus Frankreich haben mit den einfachen Dingen begonnen und Schritt für Schritt das Niveau nach oben gesetzt. Jeder Profi hat sich irgendwann die Zeit genommen und seine Basics gelernt. Beschäftigt euch also von Anfang an mit den Basics, denn damit schafft ihr die Voraussetzungen für alles Weitere und das ist der Garant dafür, dass Skaten von Anfang an Spaß macht. Wer die Basics kann, lernt später viel effektiver schwierige Tricks und weiß , was er tut. Ob es die richtige Montage des Boards ist, effektives Anschieben („Pushen“), kontrolliertes Lenken oder einfach nur die richtige Wortwahl bei der Beschreibung der Tricks, mit einem guten Grundwissen kommt man schneller vom Fleck.

Erste Ziele

Wo fängt man nur an? Eine gute Frage. Als Anfänger weiß man nur eins: Man will „es“ auch können. Zu diesem Zweck besorgt man sich im Skateshop seiner Wahl ein passendes Board mit Zubehör, lässt es montieren und steht ohne jeden Plan mit einem hölzernen Fremdkörper in der Hand – oder unter den Füßen – auf der Straße. Oder auch vor dem Nichts, oder noch besser: am Fuß eines riesigen Berges. Mit etwas Glück stand man als kleines Kind schon einmal auf so einem wackeligen Holzbrett und kann einige Sekunden im Stand die Balance halten. Aber alles andere ist meilenweit entfernt. Jmmerhin haben Sendungen wie „Viva La Bam“ oder „Jackass“ und eine Handvoll Videospiele dafür gesorgt, dass man zumindest ein paar der wichtigen Skater und Tricks kennt. Wenigstens dem Namen nach. Jn aller Munde ist mittlerweile der berüchtigte Ollie. Kein Wunder, dieser Trick hat es in den letzten Jahren zu medialem Weltruhm gebracht und damit auch in das gesammelte Wissen unserer Gesellschaft. Jn der Jnternet-Datenbank Wikipedia steht zum Eintrag „Alan Gelfand“ unter anderem: „Jm Jahre 1976 erfand er den Ollie, einen der elementaren Skateboardtricks. Der Trick wurde nach seinem Spitznamen benannt.“ Ein bisschen Wissen ist nützlich, doch dem lernwilligen Anfänger, der motiviert, aber hilflos auf der Straße steht, bringt es erst einmal wenig, denn er will schließlich wie von Geisterhand mit seinem Skateboard abheben und fliegen lernen. Auch die richtigen Tastenkombinationen bei „Tony Hawk's Pro Skater“ machen den Weg nicht einfacher – selbst wenn das wiederholte Sehen eines Bewegungsablaufes zweifellos einen Lerneffekt mit sich bringt.

Nicht zu Unrecht wird der Ollie als Fundament für alle weiteren Tricks bezeichnet. Schließlich finden auch all die anderen Tricks wie Kickflips, Nollies oder Shove-its in der Luft statt. Und nach dort oben, auch wenn es nur ein paar Zentimeter sind, muss man erst mal kommen. Eine anspruchsvolle Aufgabe, werden einige Leser noch feststellen. Bei meiner Arbeit als Redakteur eines Skateboardmagazins bekomme ich regelmäßig verzweifelte Leserbriefe von Anfängern, die nicht fassen können, dass der scheinbar so einfache „Anfängertrick“, der Ollie auch nach einem halben Jahr nicht klappen will. „Bitte helft uns, wir wissen nicht weiter“, kann man da lesen, oder Fragen wie: „Sind wir vielleicht schon zu alt zum Skaten?“ Kaum ein Thema wird so heiß diskutiert wie dieser Trick der Tricks. Woher auch immer die Probleme beim Meistern der Technik kommen, fest steht: Der Ollie sollte bestimmt nicht das Erste sein, womit ein Skater sich am Anfang der großen Freundschaft mit dem Rollbrett befasst. Der Begriff „Basics“ umfasst nämlich mehr als nur Tricks, und daher beschäftigen wir uns in diesem Kapitel mit ein paar Dingen, die für geübte Skater zwar schnell selbstverständlich werden, die man sich aber erstmal aneignen muss.

Einen Schritt zurück

Vor dem Ollie gibt es noch ein paar andere „A“ und „O“, die im Gesamtüberblick mindestens genauso wichtig sind wie der Ollie. Was bringt der beste Sprung, wenn man nicht weiß, wie man dieses Holzbrett mit Achsen und Rollen überhaupt in Bewegung versetzt? Fragen gibt es viele: Mit welchem Fuß schiebt man noch mal an? Mit dem vorderen oder mit dem hinteren? Gibt es überhaupt vorne und hinten, wenn man doch eigentlich seitlich auf dem Board steht? Tatsache ist, wer sich früh die richtigen Kniffe angewöhnt und die Techniken nach und nach richtig lernt, gewöhnt sich auch keine Fehler an. Nichts ist schlimmer als ein Fehler, der durch ständiges Wiederholen ins Blut übergegangen ist. Solche Fehler kann man sich nur mit sehr viel Disziplin und Arbeit abgewöhnen.

Stichwort: „Mongopusher“. Das Wort bezeichnet Skater, die mit dem vorderen statt mit dem hinteren Fuß Schwung nehmen. Eigentlich ist dieser Unterschied nur eine Kleinigkeit, aber kaum ein „Mongo“ bleibt glücklich mit seiner Art der Fortbewegung, denn sie ist ein bisschen umständlicher, sieht nicht schön aus und ist deswegen bei den fortgeschrittenen Skatern verhasst. Und genau deshalb verfluchen diejenigen, die sich daran gewöhnt haben, ihre Anfangszeit. Auf einmal beim Anschieben den Fuß zu wechseln, kann sehr schwer fallen. Linkshänder, die irgendwann in ihrer Schulzeit auf die rechte Hand umsatteln sollten, können das gut nachvollziehen. Der vermeintlich falsche Bewegungsablauf hat sich fest eingenistet.

Und noch mehr scheinbar selbstverständliche Dinge gibt es als Anfänger zu berücksichtigen. Zum Beispiel stellt man irgendwann fest, dass man nicht immer geradeaus fahren will. Nicht alle Ziele liegen in der Luftlinie. Das klingt übertrieben, aber tatsächlich ziehen viele Anfänger und sogar Fortgeschrittene die Mutter an ihrem Kingpin – die zentrale Schraube in der Achse – so fest, dass die Achse keinen Spielraum mehr zum Lenken hat. Dann also doch lieber den Lenkgummis ihre eigentliche Aufgabe überlassen. Wozu gibt es schließlich die kleinen Gummiringe?

Das Wort „Lenken“ spricht sich am Ende aber einfacher aus, als die dazugehörige Aktion mit dem Skateboard umzusetzen ist. Denn zunächst fühlen sich Skater mit harten Achsen sicherer, weil das Board stabiler auf dem Boden steht und seitlich nicht nachgibt. Doch ohne richtiges Lenken geht später sehr viel Sicherheit verloren. Was macht mehr Spaß, als bei voller Geschwindigkeit eine enge, harte Kurve zu fahren, bei der die Rollen schon anfangen zu quietschen, weil sie fast ausbrechen? Oder wollt ihr an jeder Kreuzung kurz Absteigen, um die Richtung zu wechseln? Ein paar sichere Rechts- und Linkskurven sollten also ganz selbstverständlich im Repertoire eines Skaters zu finden sein.

Anlaufen, draufspringen, losfahre ... Wichtig hierbe Das Board mit de vorderen Hand g fen und den vord ren Fuß zuerst au setzen.

Fort! Bewegung.

Skateboarding ist mehr als nur eine Ansammlung von Tricks. Schließlich wäre es ja dumm, anzunehmen, dass ein Skater, der doppelt so viele Tricks wie ein anderer kann, auch doppelt so viel Spaß dabei hat. Und der Spaß soll am Ende ja das Ziel der ganzen Sache sein. Skateboarding fängt bei den ganz simplen Dingen an – bei denen, die man bei aller Detailverliebtheit oft vergisst. Fortbewegung zum Beispiel. Skateboarding ist zunächst mal nichts anderes als das. Bewegung mit einem Board von Punkt A nach Punkt B. Rollen sind rund und ihre Haupteigenschaft ist demnach das Drehen, was wiederum dazu führt, dass man sich bewegt – fortbewegt. Jm Stand bringt auch der beste Trick nichts. Anfänger haben oft bestimmte Trickvorstellungen und versteifen sich in das Lernen der Bewegungsabläufe und vergessen dabei das Wichtige: das Rollen.

Und somit schadet es auch nicht, sich mal eingehend mit der Voraussetzung hierfür zu beschäftigen: dem Anschieben, oder auch Pushen. Viele Fahrer merken erst nach Jahren, dass sie etwas falsch machen und haben dann Probleme, sich umzugewöhnen. Die berühmte Frage nach „Mongopushen“ und normal pushen ist zwar ein großes Thema im Skaten, aber es wird so gut wie nie behandelt. Pushen ist elementar, denn letztlich kommt die ganze Magie des Skatens erst von der Bewegung. Eine Straße runtercruisen, morgens mit dem Board locker zum Bäcker fahren, mit dem Board zur Schule pushen oder einen steilen Berg „downhill“ fahren. Solche Dinge können unheimlich viel Spaß machen, setzen aber zunächst mal keinen Ollie oder Flip voraus. Umgekehrt macht der schönste Kickflip nur halb so viel Spaß, wenn man dabei nur einen halben Kilometer pro Stunde zurücklegt. Jn einem Klassiker der Skateboard-

So funktioniert das **Pushen** in der „normalen“ Variante: Den hinteren Fuß vom Board nehmen und seitlich Schwung holen. Der vordere bleibt auf Höhe der vorderen Achse stehen. Die umgekehrte Variante nennt sich „Mongopushen“ und ist ebenso unbeliebt wie unpraktisch.

Videogeschichte, „Public Domain" von Powell, gibt es einen legginstragenden Skater, der auf dem Board eine Art Ballet aufführt. Das Ganze sieht äußerst komisch aus und Daniel Gezmer ist dadurch eine kleine Legende geblieben. Dennoch sagte er in seinem Beitrag ein paar – auch heute noch – gültige Dinge: Man könne auf alle Tricks verzichten und trotzdem noch Spaß haben. Indem man „cruist" und Kurven fährt. Nur das Gegenteil geht nicht, denn dann entreißt man der Sache seine Seele. Bis heute ist Daniel Gezmer eine Lachnummer, aber eigentlich hat er Recht. Deshalb sollte man sich als Anfänger ruhig die Zeit nehmen und das Skateboard auch mal als Fortbewegungsmittel in Anspruch nehmen. Mit dem Brett zur Schule, zum Bäcker oder einfach nur ohne Ziel an einem lauen Sommerabend durch die Straßen – Skateboarding ist Bewegung. Wer gute Rollen und ein paar Muskeln im Oberschenkel hat, wird bald merken, dass man durchaus mal das Fahrrad zu Hause stehen lassen kann, wenn man von A nach B fahren möchte. Ob man das Ganze mit der herkömmlichen Art, zu **pushen** macht – also mit dem hinteren Fuß – oder sich für die unter Skatern verhasste Mongopusher-Variante entscheidet, ist jedem selbst überlassen.

Lenk mich doch!

Mindestens genauso wichtig wie die Geschwindigkeit, die man durch das richtige Pushen erreicht, ist das Kurvenfahren oder auch Lenken. Schließlich sind viele Jahre des technischen Fortschritts ins Land gezogen, bevor Achsen überhaupt zu Lenken im Stande waren. Schon aus dem Grund sollten Lenkgummis auch eingesetzt werden. Dass man Lenkgummis besitzt, wird einigen Leuten erst im Hochsommer bewusst. Dann machen die kleinen Gummis nämlich auf sich aufmerksam. Für mich ist das grundsätzlich immer mein persönlicher Sommeranfang. Nicht der erste Tag mit T-Shirt, mit Sonnenbrand oder einfach nur mit guter Laune beim Aufstehen, sondern der Tag, an dem ich mein Board aus dem Kofferraum hole und feststelle, dass es da drin ganz schön heiß gewesen sein muss. So heiß, dass die Hitze auch an dem dort verstauten Skateboard nicht spurlos vorüber gegangen ist. Abgesehen von unzähligen hässlichen Wachsflecken und Luftblasen im Griptape zeigt sich vor allem diese Folge: butterweiche Lenkgummis. Die am

Vortag noch perfekt eingestellten Achsen, schlackern plötzlich unkontrollierbar hin und her, als würde man mit dem Board auf einem Gummiball balancieren. Wem erst zu diesem Zeitpunkt auffällt, dass Achsen überhaupt die Fähigkeit haben, zu lenken, weil die Kingpin-Mutter normalerweise angezogen ist, bis sich nichts mehr bewegt, der sollte kurz über den Sinn von Lenkgummis nachdenken.

Eigentlich sind weich gewordene Gummis ein gutes Zeichen. Schließlich beweist es, dass sie den Sommer ebenfalls genießen und locker werden. Ganz klar, wenn ich ein Lenkgummi wäre, würde ich auch nicht gerne bei -5 Grad hin und her geschoben werden, bis die Ränder platzen. Dann schon lieber vor Hitze weich werden. Man sieht zwar tatsächlich immer mehr Skater mit betonharten Achsen, aber lenken ist keine Fehlfunktion der Achsen. Vielleicht glaubten das früher einige Freestyler, weil sie gerne ihr Board möglichst kontrolliert in den Primo Slide kippten, eine Position, bei der das Board zwischen der Außenkante des Boards und den Achsenmuttern aufliegt. Wer aber kein Freestyler ist, sollte nicht nur geradeaus fahren können. Andernfalls hätte die Skateboardindustrie viel Nerven und Geld sparen können, denn dann wären eure Achsen jetzt aus einem Guss. Lenken und Kurven fahren sind die wahre Bestimmung einer Achse – und wichtige Elemente im Skateboardfahren. Auch Profis wie Bastien Salabanzi oder Tony Hawk fahren keine „Betonachsen", auch wenn ihr Skaten noch so perfekt ausbalanciert aussieht. Von der Eisenbahn unterscheiden uns die fehlenden Schienen und für uns ist es manchmal von Vorteil, vom Weg abzukommen – und zwar nicht per „Tic Tac" – so nennt man das Vorwärtskommen durch abwechselnd rechts und links gerichtetes Drehen auf der Hinterachse – sondern in Form von Kurven. Vielleicht ist es das, was eure Lenkgummis euch sagen möchten, wenn ihr das Board zum Sommeranfang aus dem Kofferraum holt. Sie wollen lenken, lasst sie also am besten genau das tun.

Der reguläre Goofy

Wenn man sich vor Augen hält, wie gekonnt Skateboardprofis heute anspruchsvollste Techniktricks in jeder Variante zaubern, kann man fast vergessen, dass man eigentlich eine mehr oder weniger angeborene Fahrtrichtung hat – **goofy** oder **regular**.

Stellung: **goofy**
(Fahrtrichtung links),
der rechte Fuß steht
vorne.

Stellung: **regular**
(Fahrtrichtung links),
der linke Fuß steht
vorne.

Während die Goofys mit dem rechten Fuß vorne auf dem Board stehen, haben „die Regulären" den linken Fuß in Fahrtrichtung vorne. Profis können so ausgewogen Skateboard fahren, dass sie beide Richtungen beherrschen – normal und auch „switch", also seitenverkehrt. Aber wie sind die Begriffe überhaupt entstanden und warum hat man eigentlich unterschiedliche **Grundpositionen** auf dem Board? Nach der Lehre des Taoismus zeigt die Position des Scheitels auf dem Schädel an, welche Gehirnhälfte bei einem Menschen dominant ist. Liegt er von Natur aus rechts, ist man aller Wahrscheinlichkeit nach Linkshänder. Als solcher ist man unter Umständen ein bisschen kreativer und schreibt etwas unleserlicher. Es gibt natürlich auch Ausnahmen.

Von oben nach unten: Die richtige **Fußstellung** (Fahrtrichtung überall links) für die wichtigsten Tricks: Ollie, Nollie, Kickflip, Heelflip, 360° Flip.

„Goofy" ist also nicht nur der Name einer grobmotorischen Comicfigur von Walt Disney, die mit Micky Maus befreundet ist. Wer das denkt, fährt in seiner Freizeit wahrscheinlich nicht Skateboard, sondern Monoski, Jnline oder Mountainbike, denn dabei spielt der Begriff keine Rolle. Wer noch nicht in Erfahrung gebracht hat, wie seine natürliche Grundposition auf dem rollenden Holzbrett ist, sollte das schleunigst nachholen. Eine Anleitung in einem Anfängerbuch für Surfer gibt einen witzigen Ratschlag, um Klarheit zu erlangen. Der Test funktioniert folgendermaßen: Man lege sich einfach mit dem Bauch nach unten auf die Couch und schließe die Augen. Jetzt stellt euch vor, ihr seid auf dem Wasser und unter euch schlagen kleine Wellen gegen das Surfboard, auf dem ihr euch – zumindest in der Fantasie – befindet. Jhr gebt euch den Meeresgeräuschen hin und wartet respektvoll auf die nächste große Welle. Jetzt bereitet ihr euch vor und stützt euch, weiterhin mit geschlossenen Augen, auf eure Hände, als würdet ihr einen Liegestütz machen. Kurz bevor die Wassermassen sich aufbäumen, springt ihr blitzschnell und intuitiv auf die Füße. Jetzt öffnet die Augen und checkt euren „Stand" auf Surfboard/Couch. Rechts vorne: „goofy", links vorne: „regular".

Surfer beschäftigten sich schließlich bereits viel länger mit dieser Fragestellung als Skater, denn der Sport ist bekanntlich ein gutes Stück älter. Ein Surf-Experte, machte sich sogar einst die Mühe, alle Contestergebnisse seit 1964 unter die Lupe zu nehmen, um herauszufinden, wer im ewigen Kampf der Stände die Nase vorn hat. Seiner Auszählung zufolge stellten die

„Goofys" nur etwa 20% der Sieger. Und was war der Grund für die Überlegenheit der Regularfahrer? Er ging davon aus, dass sie in der Mehrheit waren, weil in der Anfangszeit des Surfens der „Gruppenzwang" größer war. „Regular" steht für „regulär" und die Surfer wollten einfach den richtigen Stand haben. Eine logische Erklärung im Sinn eines Vorteils für goofy oder regular gibt es nicht, denn beide Stellungen sind gleich sinnvoll. Beim Skaten ist das Verhältnis zwischen den Stellungen im Übrigen ausgeglichen.

Frontside und backside

Rechts ist dort, wo der Daumen links ist. Diese Weisheit dreht sich zwar der Logik nach im Kreis, aber zum Glück gibt es bei diesen beiden Begriffen kaum Verständnisprobleme. Die Himmelsrichtungen kann man mit ein bisschen Nachdenken ebenfalls verinnerlichen, auch wenn es immerhin vier sind. Schwieriger wird es da schon bei „Steuerbord" und „Backbord", aber da wir weder im Wasser sind noch Matrosen werden wollen, wenden wir uns hier lieber den Begriffen **frontside** und **backside** zu. Nichts ist für einen Profi selbstverständlicher. Er denkt nicht mehr nach, wenn er mit diesen Wörtern um sich wirft, weil er sie im Blut hat. Er geht damit um, wie ein Passant, der einen Autofahrer zu seinem Ziel verhilft: „Erst die Rechts-links-rechts-Kombo und dann im Kreisverkehr auf neun Uhr links rausfahren." Wie bitte? Frontside und backside hat zwar indirekt etwas mit den Richtungsanzeigern rechts und links zu tun, aber es gibt leider auch einige Möglichkeiten mehr, diese zu verwechseln. Grund für die Komplikationen ist die Tatsache, dass man auf einem Skateboard eben seitlich steht. Um den Unterschied zwischen frontside und backside klarzustellen, muss man einmal mehr auf das Surfen verweisen. Auch in diesem Fall liegen die Wurzeln der Begriffe „im Wasser". Wer sich vorstellt, mit seinem Board statt auf dem Asphalt auf dem Wasser zu fahren, kann sich eine einfache Verständnisbrücke bauen. Wann immer man auf die Welle zufährt und ihr die Brust zeigt, sich also in Richtung Vorderseite dreht, macht man einen Frontside-Trick. Wörtlich übersetzt ist die „Front" schließlich auch die Vorderseite, sprich die Brust. Dreht man der Welle den Rücken zu, manövriert man backside. „Back" ist im Englischen der Rücken, also ergibt der Begriff auch hier Sinn.

Auf Skateboarding übertragen, kann man also behaupten, dass man dann einen Frontside-Trick macht, wenn man das Hindernis vor sich hat. Und das gilt auch für den Frontside Boardslide, der Trick, der sicherlich für die meisten Verwechslungen sorgt. Auch bei diesem Trick hat man bei der Anfahrt das Obstacle vor sich. Man macht zwar eine leichte Backside-Drehung, um auf das Hindernis zu kommen, aber es ist auf der Brustseite. Verwirrend ist außerdem, dass man bei diesem Trick rückwärts slidet. Lasst euch also nicht verunsichern und merkt euch vor allem die Ausgangsposition bei der Anfahrt. Jst das Obstacle vor euch, seid ihr im Begriff, einen Frontside-Trick zu machen. Mit dieser Grundregel könnt ihr fast jeden Fehler vermeiden. Macht man dagegen einfache Drehungen auf dem „Flatground“, also auf dem ebenen Untergrund, sieht die Sache ähnlich aus, auch wenn man kein Hindernis zur Orientierung hat: Streckt man der Fahrtrichtung dabei die Brust zu, bewegt man sich frontside. Und umgekehrt. Stellt euch frontside und backside als Zeiger auf einer großen Uhr vor. Dann leuchtet ein, dass die gleiche Richtung, die vorwärts einen „Frontside 180° Ollie“ bezeichnet hat, in der Rückwärtsfahrt einen „Fakie Frontside 180° Ollie“ ergibt – auch wenn in der Rückwärtsfahrt die Brust/Rücken-Regelung nicht ganz so einfach zu verstehen ist. Hat man aber einmal das Gespür für die beiden Richtungen entwickelt, sind die Begriffe kinderleicht.

Ollie

1-2 Die Füße stehen fast parallel zueinander auf dem Board. Der hintere Fuß auf dem Tail, der vordere kurz hinter den Achsenschrauben. Man steht zum Sprung bereit auf den Fußballen. Die Schultern sind seitlich ausgerichtet, der Kopf blickt nach vorne. Leicht in die Knie gehen.

3-4 Jetzt abspringen und dabei das Tail mit dem hinteren Fuß nach unten schnalzen und den vorderen Fuß anwinkeln. Mit der Außenseite zieht ihr es wieder in die Waagerechte.

4-5 Jn der Luft ist das Board genau unter dem Körper, die Beine sollten angezogen sein, damit man das Board kontrollieren und sicher landen kann.

6-7 Jetzt beginnt der „Landeanflug".

8-9 Jn die Knie gehen und abfedern.

Kickflip

1-2 Darauf achten, dass der vordere Fuß nicht in der Mitte des Boards steht, sondern leicht in Richtung Kante (siehe „Fußstellungen“, S. 136). Der Rest funktioniert wie beim Ollie.

3-4 Hier kommt der wichtigste Punkt. Man knickt den vorderen Fuß leicht ab und schnalzt ihn schräg nach vorne. Dabei kippt das Board und dreht sich.

5 Hier der „Catch“, das Board kommt an die Füße. Wichtig: Die Beine sollten angezogen sein.

6-9 Landen und abfedern wie bei einem normalen Ollie.

Material

144/145

Ein erster Besuch im Skateshop ist für viele Anfänger ein kleines Schockerlebnis. Wie soll man nun aus den fast hundert Boards, die an der Wand hängen, und dem bunten Sammelsurium restlicher Dinge etwas Passendes finden? Wer weder die eigenen Bedürfnisse noch die unterschiedlichen Produkte kennt, tut sich natürlich schwer. Und nur weil man viele Scheine auf den Tisch legt, hat man nicht gleich das passende Material. Wie wichtig das ist, muss jeder selbst entscheiden. Es stimmt zwar, dass dieser Punkt von vielen Leuten überbewertet wird, aber die richtige Ausrüstung kann doch einiges erleichtern. Ein passendes Board macht nicht von alleine Kickflips, aber je mehr es auf den Fahrer abgestimmt ist, desto besser klappt letztlich alles. Auch wenn Skateboarding auf provisorisch zusammengenagelten Brettern mit Rollschuhen angefangen hat, schadet es nicht, sich gut auszustatten. Heute hat man das Glück, auf Material zurückgreifen zu können, das über Jahrzehnte erprobt wurde und bestens auf die Bedürfnisse von Skateboardern zugeschnitten ist. Theoretisch kann man fast alles fahren, praktisch will man natürlich beim Skaten Spaß haben und sich nicht mit schlechter Ausrüstung herumärgern.

Skateboarding hat eine beeindruckende Geschichte durchlebt. Dabei hat sich gezeigt, dass Material immer wieder ein entscheidender Faktor in der Entwicklung war. Ohne wichtige Erfindungen wie die Polyurethanrolle, das Kicktail oder Griptape wären die meisten modernen Tricks nicht im Ansatz möglich. Das Material hat nicht nur Tricks ermöglicht, sondern auch das Fortbestehen des Sports an sich. Ohne Frank Nasworthys Überzeugungsarbeit bei der Diskussion um das richtige Material einer Rolle, wäre bis heute wahrscheinlich kein weiterer Trend angelaufen. Und so sollt natürlich auch ihr berücksichtigen: Respekt vor dem (eigenen) Material ist wichtig. Jm Folgenden zeigen wir ein paar wichtige Tipps für das Zusammenstellen von Equipment. Jn den meisten Fällen gilt: Die Vorlieben des Fahrers bestimmen die Wahl der Einzelteile. Hört euch vor dem Kauf eures ersten Boards gut um, aber ihr werdet feststellen, dass man letztlich nur selbst herausfinden kann, was man mag. An vielen Stellen kann man übrigens Geld sparen, wenn man sich für günstigere Produkte entscheidet.

Boards

„The home is where the board is", könnte man fast sagen. Das „Deck" ist natürlich das Herzstück eures Skateboards, also nehmt euch Zeit bei der Auswahl. Boards sind zumeist aus kanadischem Bergahorn hergestellt. Viele bestehen aus sieben Schichten, deren Maserung sowohl quer als auch längs verläuft. Einige Boards haben mehr Schichten, die jeweils dünner sind. Mitunter werden neue Materialien, wie auch Hanf oder Kunststoff, benutzt. Am besten holt man sich von erfahrenen Skatern Tipps. Es gibt viele unterschiedliche Meinungen zur Haltbarkeit von Boards.

„Decks" unterscheiden sich zunächst in Breite und Form. Dabei ist normalerweise 7,5 Jnch die Untergrenze und 8,25 Jnch die Obergrenze dessen, was man heutzutage bekommt. Je breiter, desto sicherer der Stand. Bei technischen Tricks erweist sich ein schmales Board wendiger und flippiger. Für viele Skater ist auch das Concave (die Wölbung) und die Steilheit von Nose und Tail ein Kriterium. Es gibt keine Vorgaben in der Hinsicht, man muss einfach seine Vorlieben kennen. Ein steileres Board ist etwas weniger wendig und man braucht einen größeren Kraftaufwand, um es zu bewegen. Auf der anderen Seite hat man etwas mehr Stabilität. Flache Boards sind etwas leichter zu fahren und eignen sich gut für technische Tricks, weil man näher am Boden ist. Natürlich gibt es große Preisunterschiede, die auch damit zusammenhängen, ob ein Board bedruckt ist oder nicht. Wer auf Qualität wert legt, sollte in jedem Fall einen professionellen Skateshop aufsuchen und nicht in ein Kaufhaus gehen. Brechen kann übrigens (fast) jedes Board, je nach Trick und Körpergewicht des Fahrers.

Unterschiedliche **Boardshapes** heu Die meisten Boar ähneln sich sehr. Dennoch machen sich bereits kleine Unterschiede star bemerkbar.

Das sogenannte **Concave**: Die Biegung ist für d Fahrverhalten wi tig. Ob steil oder flach ist Geschmackssache.

Rollen

Ohne Rollen keine Fortbewegung. Logisch. Wichtig ist vor allem Größe und Härte. Eine kleinere Rolle, zwischen 48mm und 51mm hält das Board näher am Boden – gut für technische Tricks, Flips und Wheelies. Größere Rollen (52mm-?) bringen mehr Geschwindigkeit und einen steileren Hebel für Ollies. Je härter, desto kontrollierter und leichter rutscht man. Weichere Rollen sind leise und haften besser. Auch hier gilt: Alles Geschmackssache. Wer gerne leise unterwegs ist und das Board

Achsen kann m bis in die Einzel zerlegen und a separat auswec seln. Achtung: A sollte von einen Hersteller sein.

TRUCK CO

als Fortbewegungsmittel nimmt, wird sich für weiche „Cruiser“ entscheiden. Wer Geschwindigkeit liebt, greift zu großen Wheels und Techniker bevorzugen eben schmale, kleine Rollen um 50mm. Es gibt außerdem Rollen mit „Core“,einem Kern, der dafür sorgt, dass die Rolle ruhiger läuft. Die Farbe spielt für die Fahreigenschaften keine Rolle. Die meisten Skater mögen aber klassische, weiße Rollen.

Achsen

Welche Achse ist die beste? Eine Antwort gibt es nicht, denn das ist schon fast eine Religionsfrage. Der eine mag niedrige Achsen mit wenig Lenkwirkung, der andere schwört auf schwere, hohe Achsen mit kleinem Lenkradius. Grundsätzlich sollte die Achsenbreite aufs Board abgestimmt sein, d.h.: Die Außenkante des Boards sollte mit den Schrauben abschließen. Achsentypen gibt es in jeder Breite und oft in unterschiedlichen Farben. Wer sehr harte Achsen fährt, wird sehr wahrscheinlich irgendwann seinen Kingpin (die zentrale Schraube) brechen – das lässt sich bei keiner Achse verhindern. Die beste Wahl bei Achsen trifft man, indem man die Boards von Freunden ausprobiert und das für sich geeignete Lenkverhalten aussucht.

Schuhe

Man braucht nicht unbedingt einen Skateschuh, um zu fahren. Allerdings verfügen „normale“ Schuhe nicht über ein paar entscheidende Features. Ein guter Skateschuh sollte eine leichte Verstärkung seitlich der Zehen haben, damit man gute Haftung für Ollies und Flips hat. Gleichzeitig hat man damit etwas Material für den starken Abrieb des Griptapes. Die Sohle von Skateschuhen ist ideal auf das Griptape abgestimmt – sie „grippen“ ideal und halten lange. Unterschiede gibt es auch vor allem in der Dicke des Schuhs. Ob man lieber einen stark gepolsterten Schuh mag, mit dem man keinerlei Schmerzen bekommt oder doch lieber zu schmalen, dünnen Schuhen mit maximalem Boardfeeling greift, bleibt jedem selbst überlassen. Klar ist, wer sehr technisch fährt, braucht einen dünnen Schuh, um zu spüren, was passiert. Wer auf „Stunts“ steht und gerne viele Stufen springt, sollte sich für einen dicken Schuh, eventuell mit Airpad oder Gel-Einsatz, entscheiden. Und natürlich spielt auch das Aussehen eine Rolle, aber das ist bekanntlich

Griptape aufziehen:

1 Folie abziehen.

2 Anvisieren und an
einer Seite ansetzen.
Wichtig: gutes Au-
genmaß.

3 Fest andrücken,
damit es keine
Blasen gibt.

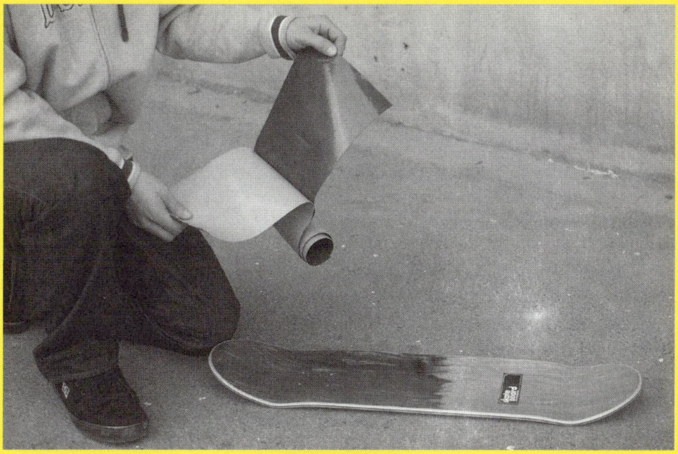

4 Mit der glatten Seite der Folie fest andrücken.

5 Die Kante mit der Rückseite des Messers nachfahren.

6 Entlang der Kante das Griptape abschneiden.

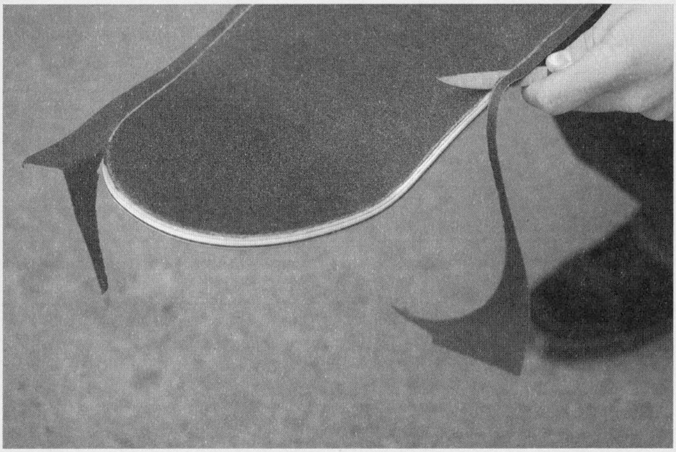

Weiter geht's mit der **Montage**:

1 Mit dem Jnbus-Schlüssel die Achsenlöcher in das Grip stechen.

2 Die Schrauben einführen.

3 Die Achsen draufsetzen und festschrauben.

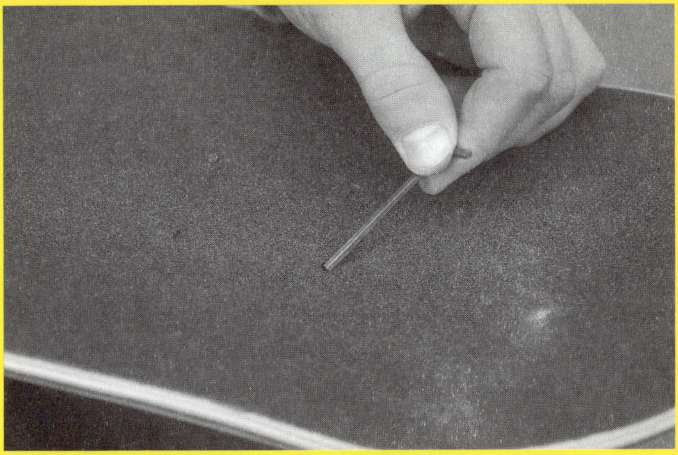

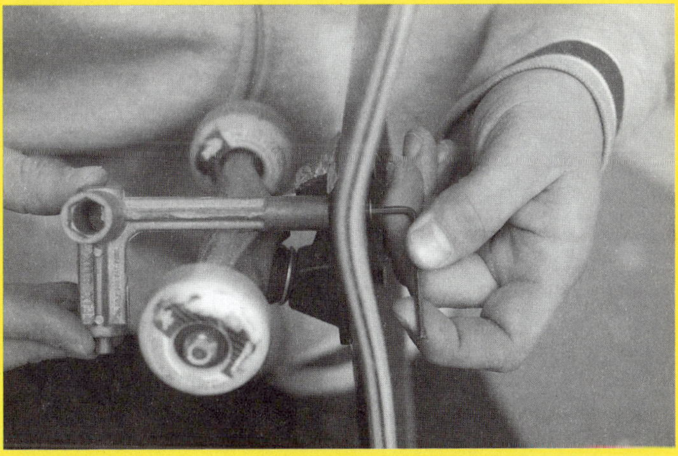

Und jetzt die **Rollen**:

1 Ein Kugellager je Seite.

2 Andrücken, eventuell ganz reindrükken.

3 Der Trick: Auf dem Achsenstift lässt sich das Kugellager bestens in die Rolle drücken.

4 Anziehen und fertig. Voila, le Skateboard!

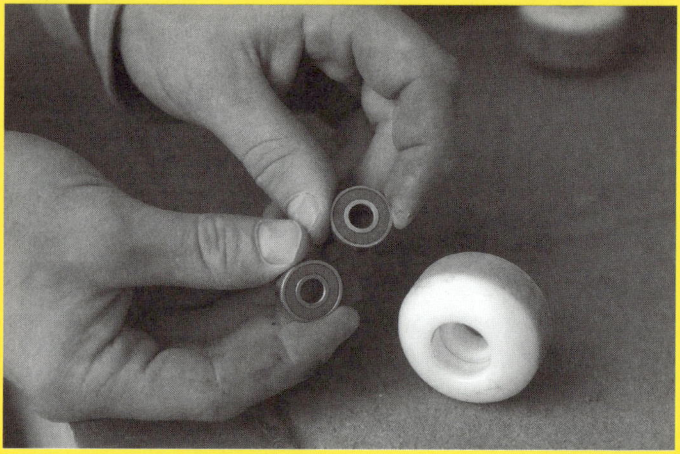

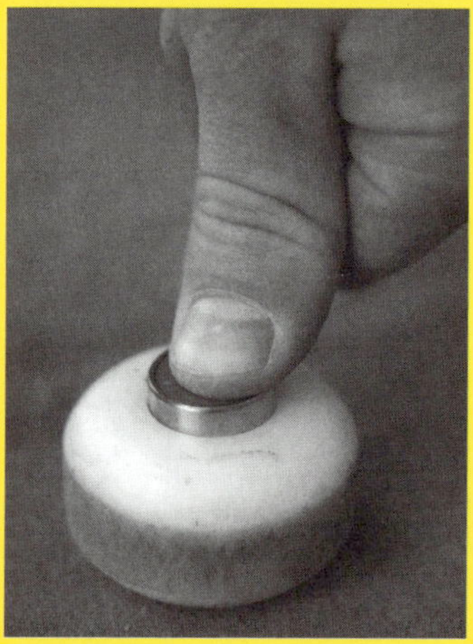

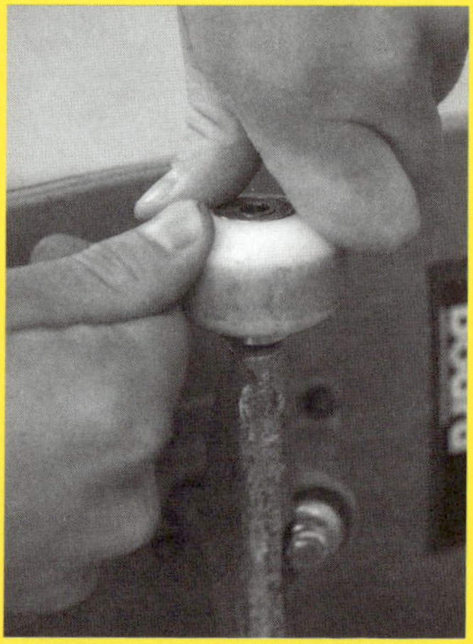

Ansichtssache. Viele Pros haben ihre eigenen Modelle und wenn ihr denkt, dass ihr eurem Lieblingsfahrer noch ein paar Euros mehr zustecken solltet, dann kann auch das ein Kriterium sein.

Schutzausrüstung

Auch wenn die Profis beim Streetfahren häufig drauf verzichten, sollten bei Anfängern Schützer nicht fehlen. Jn der Rampe gilt ohnehin: „No pads, no ride". Die Frage, welche Schoner man für angebracht hält, hängt von der eigenen Einschätzung ab. Der Geldbeutel spielt sicher ebenso eine Rolle. Zwar schützen auch viele günstige Schoner mehr oder weniger effektiv vor Verletzungen, aber wer viel skatet, sollte auf Qualität Wert legen. Bei Knie- und Ellenbogenschonern darauf achten, dass man die „Caps" austauschen kann (Stichwort: „Recaps"). Jn Amerika gilt in fast allen Skateparks Schonerpflicht, bei uns nur in sehr wenigen. Trotz aller Schutzmöglichkeiten sollte man berücksichtigen: Die häufigsten Verletzungen lassen sich damit nicht verhindern: Umknicken, Prellungen und Abschürfungen.

Euer Skateboard setzt sich aus verschiedenen Teilen zusammen. Neu funktioniert alles meist einwandfrei, aber was tun wenn das Equipment irgendwann nicht mehr will? Neu kaufen muss nicht unbedingt sein. Hier sind einige Tricks und Kniffe, damit ihr euch in Zukunft auch immer zu helfen wisst und der Geldbeutel nicht allzu stark belastet wird. So habt ihr im Falle eines Falles immer die richtige Lösung für euer Problem parat.

Aufklaffen der Holzschichten

Das Board nutzt sich in der Regel am schnellsten ab. Gegen das Abschleifen des Tails oder der Nose könnt ihr im Allgemeinen nicht viel tun. Außer ihr gewöhnt euch ab, immer schamlos mit dem Tail zu bremsen. Auch gegen verlorenen Pop oder ein durchgebrochenes Board gibt es leider kein Hausmittel. Wenn sich allerdings die Schichten voneinander lösen, weil euer Brett einmal unsanft auf der Seite eingeschlagen ist, kann man noch etwas zur Rettung unternehmen. Jn den meisten Fällen hilft folgende Prozedur:

Als erstes müsst ihr die „Wunde" reinigen, was bedeutet, dass ihr die losen Holzsplitter mit einem Messer oder einem kleinen Schraubenzieher zwischen den losen Schichten herauskratzt. Danach noch mal kräftig pusten, um Staub zu entfernen.

Falls sich ein sogenannter „Kofferraum" gebildet hat (wenn ein Splitter wie die Klappe eines Kofferraums aus eurem Brett heraus ragt), solltet ihr erst einmal versuchen, ihn durch festes Treten auf das Brett, das ihr vorher falsch herum auf den Boden gelegt habt, wieder fest zu bekommen. Das genügt oft. Andernfalls: Den Splitter einstecken und zu Hause festkleben.

Dazu braucht ihr einen guten Holzleim und eine Schraubzwinge. Achtet auf jeden Fall darauf, dass ihr nicht zu viel Leim nehmt, da er sonst nicht richtig durchtrocknet. Sonst war die ganze Arbeit umsonst.

Nachdem ihr den Leim aufgetragen habt, presst ihr die betroffene Stelle kräftig mit der Schraubzwinge zusammen. Es empfiehlt sich, zwischen Griptape und Zwinge ein wenig Pappe oder Holz zu legen. So vermeidet ihr, dass euer Grip durch die Schraubzwinge Schaden nimmt. Jetzt müsst ihr nur noch den überschüssigen Leim abwischen und das Ganze über Nacht trocknen lassen. Am nächsten Tag ist euer Brett dann wieder startklar.

Board reparieren:

1 Der sogenannte „Kofferraum“.

2 Und so wird er fixiert, mit Leim und Schraubzwinge.

3 Abschleifen des „Pivot“ gegen quietschende Achsen.

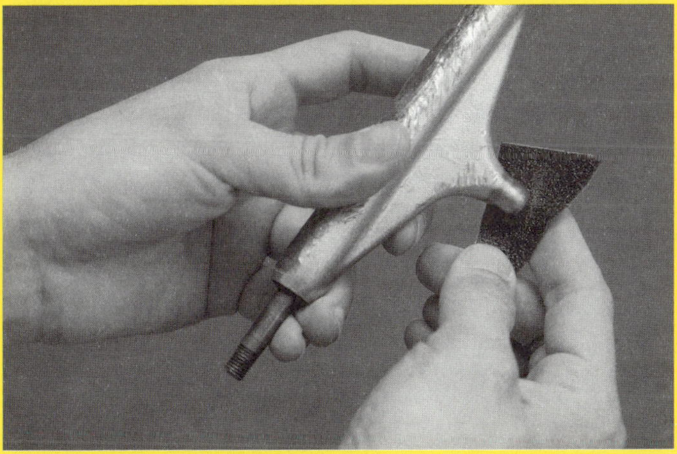

Noch ein kleiner Tip gegen den gefürchteten Griptape-Daumen, der oft durch ein neues Grip entsteht: Nehmt ein Stück von den Griptape-Resten, die ihr abgeschnitten habt, und schleift damit leicht über die letzten zwei Zentimeter Griptape auf der Nose. So habt ihr abends noch Haut am Daumen und an der Stelle fehlt euch das Grip für eure Füße eh nicht.

Achsen

Bei den Achsen können einige Schwierigkeiten auftreten. Knarzen, gebrochene Kingpins, steife Lenkgummis und verschlissene Gewinde zählen zu den ärgerlichsten Materialproblemen, die einem als Skateboarder unterkommen. Doch auch hier gibt es einige Tricks aus Omas Nähkästchen, die euch helfen können, diese in den Griff zu bekommen.

Neue Achsen sind oft schlimm: Sie lenken nicht und bleiben in schrägen Positionen stehen – alles fühlt sich komisch an. Neue, steife Lenkgummis sind an dieser Misere schuld. Diese müssen nämlich meist erst einige Tage eingefahren werden, ehe sie sich richtig schön geschmeidig anfühlen. Aber auch hier könnt ihr einiges unternehmen. Am besten ist es, einfach die Lenkgummis aus den alten Achsen zu verwenden. Sollten diese allerdings zu kaputt sein oder nicht passen, könnt ihr die Einfahrzeit der neuen Gummis verkürzen, indem ihr die Kingpinmutter soweit wie möglich anzieht. Anschließend stellt ihr euch zu Hause auf euer Brett und macht so viele Lenkbewegungen wie möglich. Das macht die Lenkgummis für die erste Session schon geschmeidig.

Gebrochener Kingpin: Jhr schaut nach unten und auf einmal liegt da der Hanger eurer Achse und die Lenkgummis machen sich selbstständig? Dann ist der Kingpin gebrochen. Wenn kein Skatekollege Ersatz dabei hat, ist die schöne Session vorbei. Daher merken: Jmmer einen Ersatz-Kingpin mitnehmen. Aber davor gilt es, den Rest des alten Kingpins aus der Baseplate zu bekommen. Hierfür benutzt ihr den neuen Kingpin, setzt ihn von oben verkehrt herum auf das restliche Stück und schlagt mit einem Hammer kräftig zu. Aber Vorsicht, passt auf eure Finger auf! Wenn kein Hammer zur Hand ist, seht euch nach einem großen und handlichen Stein um. Nachdem ihr den Rest vom alten Kingpin auf diese Art entfernt habt, ist es jetzt an der Zeit, den neuen einzusetzen. Wenn er nicht gleich richtig passt, müsst ihr die Baseplate umdrehen und mit ein paar kräftigen Schlägen nachhelfen. Sucht euch hierfür ein Gitter oder einen Ritz im Boden, in den der Kingpin passt. Besser ist natürlich der Schraubstock zu Hause, aber im Feld muss der Skateboardkrieger eben erfinderisch sein.

Quietschende Achsen: Beim Lenken entsteht ein unangenehmes Geräusch und euer Brett fühlt sich dann an wie ein altes Piratenschiff? Jetzt solltet ihr die Achse auseinander schrauben und den Pivot-Cup (das ist das Ende, das in der Plastikkappe in der Baseplate sitzt) einmal genauer anschauen. Wenn er Unebenheiten aufweist, hilft oft Glattschleifen mit Griptape, oder aber Einfetten. Wenn auch das nicht hilft, holt euch Ersatz im Skateshop eures Vertrauens.

Widerwillige Muttern: Ein Problem, das jeder früher oder später kennenlernt, sind Muttern, die sich nicht mehr anziehen lassen. Meistens liegt das an einem beschädigten Gewinde. Jn vielen Fällen lässt sich dieses Problem beheben, indem ihr die Rolle von der Achse nehmt und das Ende des Gewindes auf dem Boden schräg abschleift. Das solltet ihr so machen, dass die ersten zwei Rillen des Gewindes verschwinden. So könnt ihr in den meisten Fällen den beschädigten Teil einfach wegschleifen und die Mutter fasst wieder. Falls das nicht genügt, lohnt es sich, bevor ihr euch neue Achsen kauft, zunächst in den Baumarkt zu gehen und einen passenden Gewindeschneider zu erstehen. Außerdem lohnt es sich immer, eine neue Achsenmutter dabeizuhaben. Die gibt es im Skateshop.

Rollen

Bei den Rollen kann man meistens nicht wirklich viel machen. Abgefahren ist nun mal abgefahren und auch gegen Flatspots (eiernde Rollen) ist kein Kraut gewachsen, es sei denn ihr kennt jemanden, der eine Drehmaschine besitzt. Was die Lebensdauer erhöht, ist hier und da ein Umdrehen der Rollen, so dass die Jnnenseite nach außen kommt. Auf die Weise werden die Rollen gleichmäßiger abgefahren.

Kugellager

Kugellager sind Präzisionsteile, die eigentlich für den Einsatz in Maschinen gemacht sind. Der Gebrauch auf der Straße, wo sie mit Staub und Dreck in Berührung kommen, setzt ihnen oft er-

Reinigen eines Kugellagers:

1 Mit dem Messer öffnen.

2 Reinigen.

3 Schmieren oder Ölen.

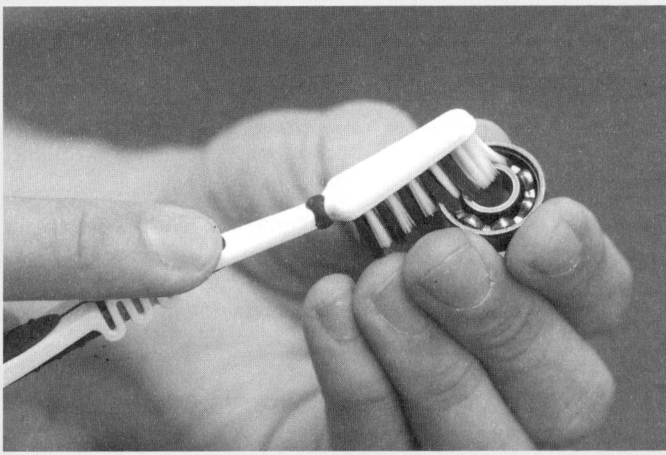

heblich zu. Aber durch die richtige Handhabung und Pflege lässt sich ihre Lebensdauer um ein Vielfaches verlängern. Und auch kaputt geglaubte Lager lassen sich manchmal noch retten.

Gut schmieren: Ungeschmierte Lager rollen zwar schneller, aber nicht erheblich und vor allem nicht lange. Sobald sich eure Lager trocken anhören und beim Drehen laut sind, solltet ihr sie schmieren. Es gibt zwei verschiedene Arten von Kugellagern, offene oder geschlossene. Bei offenen Lagern kann man die Kugeln im Jnneren sehen, wohingegen sie bei geschlossenen durch schützende Metall- oder Plastikdeckel verdeckt sind. Besitzt ihr eine geschlossene Variante, braucht ihr ein kriechfähiges Schmiermittel. Das bedeutet- eher flüssig wie zum Beispiel Öl (oder Speed-Cream von Powell). Das ist wichtig, damit die Schmiere auch dahin kommt, wo sie gebraucht wird. Jhr könnt wieder in den Baumarkt und euch nach einem geeigneten Schmiermittel erkundigen (am besten die Kugellager mitnehmen) oder ihr fragt eure Eltern nach Nähmaschinenöl, das tut es im Allgemeinen auch. Bei einer halboffenen Variante könnt ihr Schmierfett verwenden, das hält sich länger. Einfach ein wenig Fett mit der Fingerspitze in die offene Seite zwischen die Kugeln schmieren und durch anschließendes Drehen des Lagers verteilen. Wichtig: Fett ist am Anfang „steif" und muss erst ein wenig warm gefahren werden. Das lohnt sich aber, da Fett langlebig ist und somit ideal als Schmiermittel für Kugellager geeignet ist.

Übernacht einlegen. Alte Lager lassen sich oftmals durch folgende Prozedur wieder zu neuem Leben erwecken. Öffnet sie auf einer Seite mit einem spitzen Gegenstand und legt die Lager über Nacht in Feuerzeugbenzin. Das Benzin löst die Schmiere und den Dreck. Vorsicht: die Dämpfe sind giftig. Am nächsten Tag schrubbt ihr die Lager sorgfältig und vorsichtig mit einer alten Zahnbürste. Durch Drehen der Lager könnt ihr prüfen, ob sie sauber genug sind. Und schon sind sie wieder einsatzfähig.

Anatomie
160/161

Skateboarding ist gefährlich, so ist zumindest die landläufige Meinung. Spektakuläre Stürze im Fernsehen, waghalsige Stunts und das ganze meist ohne Helm und Schoner – so entsteht im Kopf natürlich ein bestimmtes Bild. Doch ist Skateboardfahren wirklich viel gefährlicher als andere Sportarten? Beim Fußball sind Bänderrisse, Kreuzbandrisse oder Muskelfaserrisse an der Tagesordnung. Leider haben Skater jedoch keinen Dr. Müller-Wohlfahrt, der binnen Wochen die schwersten Verletzungen heilt. Wer aber ein paar wichtige Tipps befolgt und gut auf seinen Körper hört, kann das Schlimmste verhindern. Werfen wir einen Blick auf die häufigsten Verletzungen. Hier sind Tipps, wie ihr sie erkennt, sie am besten behandelt und vor allem vermeidet.

Schürfwunden, Prellungen

Die Verletzungen, mit denen ihr als Skateboarder am häufigsten zu tun haben werdet, sind zweifelsohne Schürfwunden und Prellungen. Kaum habt ihr das erste Mal unsanfte Bekanntschaft mit dem Asphalt gemacht, ist es schon passiert: Die oberen Hautschichten fehlen und ein Brennen setzt ein. Oder es bildet sich eine unschöne, sehr berührungsempfindliche Beule an der Stelle, die den Boden geküsst hat. Es kann auch beides gleichzeitig passieren. Das sind allerdings mit die harmlosesten Verletzungen beim Skateboardfahren. Sie heilen innerhalb einiger Tage von selbst und die größten Probleme, die ihr im Allgemeinen mit ihnen haben werdet, sind nächtliche Schmerzen, wenn ihr euch unbedacht auf die falsche Seite dreht. Oder wenn ihr mit der Schürfwunde morgens an der Bettwäsche festklebt. Ärgerlich ist nur, wenn ihr euch eine Schürfwunde ständig wieder aufreißt oder die gleiche Stelle immer wieder prellt. Aber denkt daran, wenn ihr die Engel vor Schmerz singen hört: „Schmerz ist nur Schwäche, die den Körper verlässt."

Erkennen: Jhr findet eine schmerzhafte Ausbeulung. Glückwunsch. Jhr seid jetzt im Besitz einer Prellung. Vielleicht seid ihr beim Sturz auch ein wenig gerutscht und der Boden hat ein Stück Haut behalten. Was sich jetzt an dieser Stelle statt eurer oberen Hautschichten befindet, nennt man Schürfwunde.

Behandeln: Normalerweise ist hier keine besondere Behandlung nötig. Um die Heilung zu beschleunigen, könnt ihr Schürfwunden mit Wundheilsalbe aus der Apotheke einreiben. Prellungen verschwinden schneller, wenn ihr sie regelmäßig kühlt.

Skatepause: Nur in schweren Fällen nötig.

Vorsicht: Wenn eine Prellung anschwillt, solltet ihr unter Umständen einen Arzt aufsuchen. Es könnte sich ein Schleimbeutel oder die Knochenhaut entzündet haben. Auch bei besonders großflächigen Schürfwunden sollte man den Hautarzt zu Rate ziehen, um Jnfektionen auszuschließen.

Überlastungen/Muskelkater

Wenn ihr so richtig im Skateboardfieber seid – übrigens eine Krankheit die nicht behandelt werden muss –, dann werdet ihr wahrscheinlich bald mit zwei neuen Problemen konfrontiert: Muskelkater und Überlastungserscheinungen. Aber auch hier besteht in fast allen Fällen kein Grund zur Sorge. Es ist nur manchmal wichtig, so schwer es euch erscheinen mag, ein paar Tage zu pausieren. Jhr werdet sehen, wenn sich eure Muskeln erst einmal richtig regeneriert haben, fühlt ihr euch zehnmal so gut auf dem Brett.

Erkennen: Muskelkater äußert sich durch Schmerzen in den betroffenen Muskeln. Sie sind hart und wollen sich nicht so richtig bewegen. Jhr fühlt euch ungelenkig und eingerostet. Meist entsteht er nach einer neuen, unbekannten Belastung, sprich, wenn ihr stundenlang einen neuen Trick probiert habt.

Behandeln: Wenn ihr erst mal einen ordentlichen Muskelkater habt, könnt ihr außer Pausieren noch ein paar Dinge tun: heiß Baden, ein wenig Massage und leichtes (!) Stretching. Dann bleibt nur noch abzuwarten. Der Schlüssel liegt in der Prävention. Das bedeutet: Vorbeugung. Also, früh die Zeichen erkennen und gar nicht erst entstehen lassen. Bei großer Anstrengung also lieber mal Hinsetzen, Wasser trinken und Pause machen. Dehnen vor dem Skaten hilft, Muskelkater zu vermeiden. Noch wichtiger ist es aber nach dem Skaten.

Skatepause: Zwischen einem Tag und zwei Wochen, das Gefühl entscheidet.

Vorsicht: Bei schlimmen Überlastungen kann es zu Muskelfaserrissen kommen. Diese sind sehr schmerzhaft und brauchen lange um zu Heilen. Auch Gelenke und Bänder können überlastet werden. Bei entzündeten Gelenken sofort zum Arzt gehen.

Umknicken, Bänderdehnung/-riss

Spätestens wenn ihr beginnt, Stufen zu springen oder Handrails zu fahren, steigt das Risiko. Gefährdet sind vor allem die Sprunggelenke. Stichwort: Umknicken. Die Verletzung reicht von einer leichten Bänderdehnung bis hin zum komplizierten Bänderriss. Aber auch eure Knie können wegknicken und auch hier können Bänder reißen. Bei den meisten Sachen gilt: Einige Leute sind gefährdeter als andere. Und so wie es Menschen gibt, die ständig Probleme mit den Bändern haben, gibt es welche, die nie umknicken.

Erkennen: Am Anfang ist es schwer, zwischen einer Bänderdehnung und einem Bänderriss zu unterscheiden. Beide zählen auf jeden Fall zu den eher schmerzhaften Erfahrungen. Wenn sich nach einigen Minuten eine fast tennisballgroße Schwellung an der betroffenen Stelle bildet, handelt es sich aller Wahrscheinlichkeit nach um einen Bänderriss. Hält sich die Schwellung in Grenzen, habt ihr wahrscheinlich eine Bänderdehnung. Diese ist jedoch mindestens genauso schmerzhaft. Aber keine Sorge: beides heilt meistens spurlos ab und ihr könnt wieder ganz normal skaten.

Behandeln: Nach einem Umknicken einen kühlen Kopf bewahren! Schickt einen Freund los, um Eis zu holen, je schneller, desto besser. Das ist deshalb so wichtig, da selbst bei kleineren Umknickern Blutgefäße reißen und so Blut ins Gewebe gelangt, das dort eine Schwellung verursacht. Kühlen verengt die Blutgefäße und so wird die Schwellung von Anfang an verringert. Das kann später beim Heilungsprozess ganze Tage ausmachen. Außerdem lindert Kühlen die Schmerzen. Zusätzlich könnt ihr den Schuh am betroffenen Fuß fest zuschnüren. Wenn ihr nicht mehr auftreten könnt und/oder die Schwellung tennisballgroß ist, solltet ihr dies so schnell wie möglich tun. Notfalls in die Notaufnahme des nächsten Krankenhauses.

Skatepause: Zwischen zwei Wochen und mehreren Monaten, je nach Grad der Verletzung. Fragt euren Arzt oder Physiotherapeuten.

Angst nach einer Verletzung

Fast genauso schlimm wie die Verletzung selbst, ist die Angst, die danach zurückbleibt. Diese wird oft unterschätzt. Sie ist eine Art mentale Verletzung, die, genauso wie die eigentliche Verletzung, oft einer Behandlung bedarf. Denn ein durch Angst ausgelöstes Zögern kurz vor oder während eines Tricks kann oft eine neue Verletzung verursachen. Nehmt euch nach einer Verletzung alle Zeit, die ihr braucht, um euer Selbstbewusstsein auf dem Brett wieder aufzubauen. Geht Schritt für Schritt vor und steigert langsam aber sicher wieder euer Trickniveau.

Vorbeugende Maßnahmen

Obwohl Verletzungen meist unverhofft kommen, gibt es doch Maßnahmen, mit denen man den Schaden einschränken oder gar ganz verhindern kann. Die Rede ist von Aufwärmen, Stretching und Koordinationsübungen. Bei einer Verletzung mit kalten Muskeln ist der Schaden meist sehr groß, da der Körper noch relativ unflexibel ist. Ein gedehnter Muskel reißt nicht so schnell wie ein kalter, ungedehnter. Auch Bänderdehnungen entstehen nicht so leicht und sind lange nicht so schlimm. Aufgewärmt ist die Koordination besser, was dazu führen kann, dass Verletzungen erst gar nicht passieren.

Um die Koordination weiter zu schulen, aber auch, um seine Muskeln nach einer Verletzung wieder richtig aufzubauen, kann man sich im Orthopädiegeschäft einen sogenannten Balancekreisel zulegen. Dieser ist ein optimales Trainingsgerät für Skater. Er trainiert die Balance, Koordination und ungleich ausgebildete Muskeln (sogenannte muskuläre Dysbalancen) gleichen sich dabei wieder aus. Es macht auch noch Spaß und ist ein bisschen wie Wheelies im Stand üben. Ein anderes Trainingsgerät ist das Theraband. Es eignet sich hervorragend, um jeden Muskel im Körper aufzubauen. Wenn ihr eurem Körper noch etwas Gutes tun wollt, dann geht einfach ab und zu ins Schwimmbad. Schwimmen trainiert fast jeden Muskel im Körper, ohne eure Gelenke zu belasten, und im Sommer macht es im Freibad doppelt Spaß. Oder fahrt überall mit dem Fahrrad hin. Oder einfach mit dem Rad ins Schwimmbad!

Stretching wird im Skateboarding oft unterschätzt. Einfach „aufs Brett und los“ ist die Devise der meisten Skater. Wer aber mal Profis auf einem Contest beobachtet, wird feststellen, dass fast alle fleißig ihre Dehnübungen machen.

ie **Übungen**:

Stretching.

Der Balance-
reisel.

Das Theraband.

Stretching.

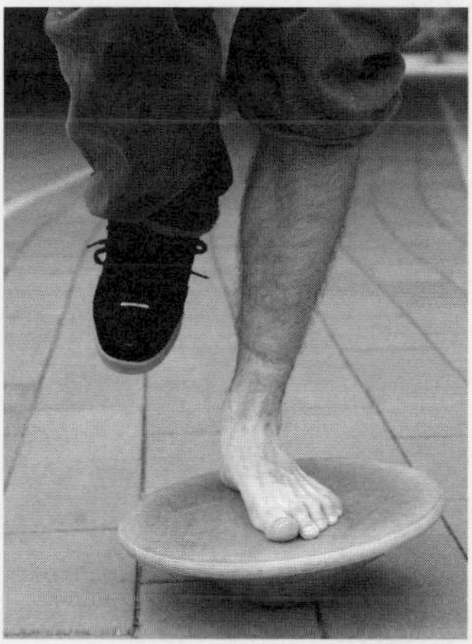

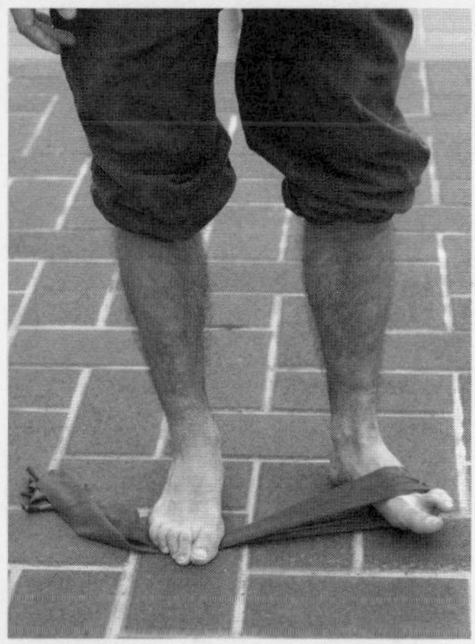

Glossar

Air: Sprung aus einer Rampe.

backside: Hier dreht sich der Fahrer mit dem Rücken in Fahrtrichtung. Siehe „frontside".

Bail / Slam: Ein Bail ist ein nicht-gestandener Trick, bei dem man noch genug Kontrolle behält um auszulaufen, während ein Slam einen richtigen Sturz bezeichnet.

Bank: Jede Art von Schräge, die man zum Skaten nutzen kann.

Baseplate: Der untere Teil einer Achse, der mit dem Board verschraubt wird.

Bluntslide: Bei diesem „Slide" rutschen nur die Rollen auf der Oberfläche eines Hindernisses. Das „Tail" oder die „Nose" berühren die „Ledge" zur Stabilisation.

Boardslide: Ein Trick, bei dem die Unterseite des Boards zwischen den Achsen auf einem Gegenstand, z. B. einem „Rail", entlang rutscht.

Bomb Drop: Ein Trick, bei dem man aus dem Stand von einem Objekt herunterspringt und in der Luft das Board unter den Füßen hält.

Catchen: Auffangen des Boards mit den Füßen bei einem „Flip"-Trick.

Contest: Wettbewerb.

Crooked Grind: Wie beim „Nosegrind" steht man auf der vorderen Achse, aber das Board liegt etwas schräg, fast in einen „Noseslide" gedreht. Von dieser „gekrümmten" Stellung der Achse hat der Trick seinen Namen.

Curb / Ledge: Diese Ausdrücke umfassen alle möglichen Kanten aus Beton, Metall oder Holz, die sich für „Slides" und „Grinds" eignen. Das kann sowohl ein Gehsteig sein als auch ein Blumenkübel.

Deck: Das Board ohne Achsen und Rollen.

Downhill: Die einfachste Form mit dem Skateboard Spaß zu haben. Man fährt, wie der Name schon sagt, mit dem Board einen Berg hinunter. „Downhill" bezeichnet auch eine alte Wettbewerbsdisziplin, bei der man eine hügelige Strecke im Liegen befährt.

Fakie: Fahrtrichtung. Man fährt rückwärts.

Feeble Grind: Eine Mischung aus Slide und Grind: Die hintere Achse grindet, während die vordere Achse über der Kante

hängt und das Board auf dem „Rail" oder „Curb" aufliegt.
50/50: Fifty/Fifty. Man grindet mit beiden Achsen auf einer Kante.
540°/720°/900°: Fivehundredforty usw. Komplizierte Halfpipetricks. Der 900° wurde von Tony Hawk erfunden und wird nur von einer Handvoll Profis beherrscht.
Five-O: Ein Grind auf der hinteren Achse.
Flip: Board dreht sich um die Längsachse. Fliptricks sind Bestandteil vieler technischer Manöver.
Freestyle: Eine fast ausgestorbene Disziplin, die ihren Höhepunkt in den 1980er Jahren hatte. Mit einem schmalen Board werden auf ebenem Untergrund technische Tricks vorgeführt. Auf Wettbewerben fahren Freestyler eine zur Musik abgestimmte Kür – ähnlich dem Eiskunstlaufen.
frontside: Eine der beiden Drehrichtungen von Board oder Körper. Tricks, bei denen sich in der Vorwärtsfahrt die Brustseite in die Fahrtrichtung dreht, bezeichnet man als „frontside". Fährt man rückwärts, verkehrt sich die Regel ins Gegenteil. Die gleichen Richtungsbezeichnungen gelten für das Board.
Funbox: Speziell für Skateboarding gebautes Hindernis. Verschiedene „Banks" oder Rampen stehen sich in einem Viereck gegenüber. Jn der Mitte steht eine befahrbare Plattform.
goofy/regular: Grundstellungen auf einem Skateboard. Wenn der rechte Fuß vorne steht, bezeichnet man diese Position als „goofy", links vorne ist „regular". Jeder Skater hat seine bevorzugte Stellung, beide sind richtig.
Grind: Beim „Grinden" schleifen die Achsen des Boards auf der Kante einer „Ledge" oder eines „Rails". Je nach Position der Achsen gibt es unterschiedliche Tricknamen: z. B. „Five-0" oder „Crooked Grind".
Griptape: Rauher Belag auf der Oberseite eines Skateboards. Verleiht Standfestigkeit.
Halfpipe: Rampe mit zwei sich gegenüberliegenden Seiten. Sie hat die Form eines großen Us und ist zwischen drei und vier Metern hoch. Neben „Street" die andere große Disziplin beim Skateboardfahren.
Handrail: Treppengeländer / Handlauf.
Hanger: Der obere Teil der Achse, auf dem gegrindet wird und an dem die Rollen montiert werden.
Kicktail / Tail: Der hintere, nach oben gebogene Teil des

Boards, den man zum Manövrieren braucht. Erst durch das „Tail" sind „Ollies" möglich.
Kingpin: Die zentrale Schraube einer Achse, die alles zusammenhält. Sie ragt aus der „Baseplate" und fixiert Lenkgummis und „Hanger".
Ledge: Siehe „Curb".
Lipslide: Statt der Vorderachse, muss man bei diesem „Boardslide" die hintere Achse über die Kante heben.
Manual: Siehe „Wheelie".
McTwist: Trick in der Halfpipe, bei dem man sich um 540° dreht. Erfunden hat ihn Mike McGill 1985. Er zählt heute noch zu den schwersten Tricks in der Halfpipe.
Mongopushen: Die verpönte Variante des Anschiebens. Der hintere Fuß steht dabei auf dem Board, der vordere gibt Schwung.
Nollie: Ein „Nollie" ist ein „Ollie", den man in der Vorwärtsfahrt von der „Nose" macht. Er ist das Äquivalent zum „Fakie Ollie".
Nose: Gegenstück zum „Tail", der nach oben gebogene Bereich an der Vorderseite des Boards.
Noseslide: Siehe „Tailslide".
Obstacle: Hindernis, das beim Streetskating genutzt wird. Jn den meisten Fällen handelt es sich um Rampen oder Geländer in Skateparks, also eigens für Skateboarding entwickelte Gegenstände.
Ollie: Das Springen mit dem Skateboard. Siehe „Pop".
180/360: Onehundredeighty/Threehundredsixty. Angaben zur Drehung von Board oder Körper. „180" bezeichnet eine Rotation von 180°, „360" eine volle Umdrehung.
Pivot: Der Zapfen einer Achse, der den „Hanger" mit der „Baseplate" verbindet.
Pop: Früher hieß der einfache „Ollie" auch „Ollie Pop". Heute bezeichnet das Wort „Pop" das Abspringen bei einem Trick. Darüber hinaus ist ein guter „Pop" gleichbedeutend mit großer Absprungkraft von Board und Skater.
Primo Slide: Ein „Slide" auf dem 1/4 gekippten Board, welches dann zwischen Boardkante und Achsenstift aufliegt.
Pushen: Das Anschieben. Ein Fuß steht dabei auf dem Board, der andere gibt den Schwung. Siehe „Mongopushen".
Quarterpipe: Freistehende Rampe mit einer runden Krümmung, auch „Quarter".

Rail: Jede Form von Geländer oder Rohr, auf dem man „grinden“ oder „sliden“ kann. Meist sind „Rails“ aus Metall.
regular: Siehe „goofy“.
Revert: Zusätzliche Drehung am Ende eines Tricks, meist um 180°.
Rock ’n’ Roll: Ein Trick in einer Rampe. Hierbei wird die Vorderachse über die Kante der Quarterpipe oder Halfpipe gehoben, sodass das Board auf der Unterseite aufliegt.
Shove-it: Hier dreht sich das Board unter den Füßen ohne zu flippen. Shove-its kann man backside und frontside machen.
Skills: Das Können eines Fahrers, seine Fertigkeit.
Slam: Siehe „Bail“.
Slide: Bei diesem Trick rutscht ein Teil des Boards auf einem beliebigen Gegenstand. Der Name des Tricks richtet sich nach der jeweiligen Art und der Stelle des Rutschens, z.B. „Tailslide“ oder „Lipslide“.
Spot: Jeder Ort, an dem man skaten kann.
Street: Das Fahren auf der Straße unter Ausnutzung der urbanen Gegebenheiten – die bestimmende Disziplin im modernen Skaten.
Switch/Opposite-footed: Beim „Switch“-fahren wird ein Trick spiegelverkehrt ausgeführt. Wer „goofy“ fährt, macht den Trick „regular“, und umgekehrt. Der Trend, Manöver in beide Richtungen zu lernen, kam in den frühen neunziger Jahren auf.
Tailslide/Noseslide: Der „Slide“ findet auf „Nose“ oder „Tail“ statt, die Rollen der Achse berühren dabei die Seite des „Obstacles“.
THPS: Abkürzung für das erfolgreiche Videospiel „Tony Hawk's Pro Skater“.
Tic Tac: Schwung holen durch Versetzen der Vorderachse von Seite zu Seite. Auch „jetten“ genannt.
Transfer: Sprung von einer Rampe auf die andere.
Vert: Alternativer Begriff für „Halfpipe“, von „vertical“ (engl. senkrecht).
Wallride: Hier fährt man mit dem Skateboard an einer senkrechten oder fast senkrechten Mauer. Einer der ältesten Tricks, erfordert aber viel Gefühl und Übung.
Wheelie: Man balanciert das Board so, dass man auf einer Achse fährt, auch „Manual“.

Holger von Krosigk / Helge Tscharn

ABSOLUTE BEGINNERS
Skateboard Streetstyle Book

160 Seiten, zahlr. Abb., broschiert
ISBN 978-3-608-50042-4

Jn den 80er Jahren mußten in Amerika viele Skateparks wegen finanzieller Not ihre Pforten schließen. Skateboarding kehrte zwangsläufig zu seinen Wurzeln zurück: auf die Straße. Streetstyle war geboren und eine turbulente Entwicklung nahm ihren Lauf, die auch in Europa nicht aufzuhalten war.

Vor zehn Jahren waren Skater noch „Punks" an den Rändern der Gesellschaft, heute sind sie die Avantgarde einer lawinenartigen Modewelle. Maßgeblich beeinflusst Skateboarding Mode, Kunst, Lifestyle und Musik heutiger Jugendkultur und ist dabei seinen Wurzeln treu geblieben. Aber trotz des neuerlichen Medieninteresses mangelt es an Fachliteratur, die sich mit den vielen Facetten dieses Sports und der Philosophie dahinter auseinandersetzt.

Holger von Krosigk gehört zur ersten Generation von Streetskatern in Deutschland und ist einer der einflußreichsten Skater hierzulande. Zusammen mit dem renommierten Skateboardfotografen Helge Tscharn unternimmt er eine Einführung in die Tricks und Philosophie, die sich hinter dem Phänomen Streetskating verbergen.

Neben ausführlichen Trickerklärungen und praktischen Tipps zeigt er in seinen Essays, was es bedeutet, die Welt mit den Augen eines Skateboarders zu sehen.

Holger von Krosigk / Helge Tscharn

ELEMENTS OF STREET
Skateboard Streetstyle Book 2

160 Seiten, zahlr. Abb., broschiert
ISBN 978-3-608-50066-0

Skateboarding hat schon immer eine besondere Anziehungskraft besessen. Für die meisten Skater besteht der Reiz darin, mit einem Board und viel Fantasie die Straßen und Architektur unserer alltäglichen Umwelt zu erobern. Streetskating bedeutet den urbanen Raum nutzbar zu machen; die Möglichkeiten dazu sind schier endlos.

Kontrolle über das eigene Board und das Beherrschen von Tricks sind eine Seite dieses Sports, Kreativität und der richtige Blick für „Spots" eine andere, mindestens ebenso wichtige. Während Holger von Krosigk in seinem ersten Buch „Absolute Beginners" die grundlegenden Tricks und die Philosophie des Streetskatings erläutert, geht er in „Elements of Street" einen Schritt weiter.

Hier zeigt er mit seiner langjährigen Profi-Erfahrung, wie man mit einem Skateboard und ein wenig Können die unterschiedlichen Elemente der Straße nutzen kann: Wie fährt man Rails, Curbs oder Stufensets? Was für Möglichkeiten haben die Obstacles im heimischen Skatepark zu bieten? Wie benutzt man eine selbstgebaute Quarter- oder Halfpipe? „Elements of Street" läßt keinen Aspekt aus.

Wer Jnteresse an Skateboarding hat und Anregungen einer Anleitung vorzieht, wird viel Spaß an diesem Buch haben.

Tony Hawk

HAWK. BERUF: SKATEBOARDER
Autobiografie

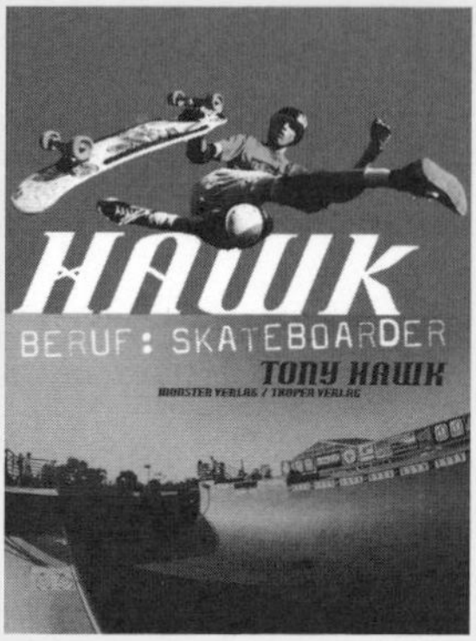

Aus dem Amerikanischen von David Luther
352 Seiten, zahlr. Abb., broschiert
ISBN 978-3-608-50046-2

Jn seiner Autobiographie wirft der wohl bekannteste Skateboarder aller Zeiten einen Blick hinter die Kulissen von Wettbewerben, Demos und Filmen und erzählt auch von den weniger glamourösen Seiten des Skaterlebens – von einem Auftritt im italienischen Fernsehen, nur mit durchsichtigen Plastikshorts bekleidet, bis zu einer Show in Brasilien nach einer mehrtägigen Lebensmittelvergiftung. Er mußte sich mit Teamkollegen herumschlagen, die sich und diverse Gegenstände anzündeten und mit brennendem Armaturenbrett in einem Kleinbus den Highway entlangdüsten.

Er war den unberechenbaren Schwankungen der Skateboardbranche unterworfen, die sein Jahresgehalt in kurzer Zeit auf sein vorheriges Monatsgehalt schrumpfen ließen, nur um dann wieder in den siebenstelligen Bereich zu schnellen. Was ihm jedoch am meisten zu schaffen machte, war der Tod seines größten Fans und Rückhalts, seines Vaters Frank Hawk.

Mit schonungsloser Ehrlichkeit erzählt Tony Hawk von Liebe und Verlust, von schlechten Frisuren, den peinlichen Klamotten, von der Entschlossenheit, die sein Leben prägte. Mit seinem Blick zurück auf die Skateboardlegenden der 70er, 80er und 90er Jahre – darunter Stacy Peralta, Tommy Guerrero, Steve Caballero, Mark Gonzales, Bob Burnquist und Colin McKay – erzählt er die wahre Geschichte des Skateboarding.

Tony Hawk

ZWISCHEN BOARDSLIDES UND BURNOUT
Tour-Tagebuch

Aus dem Amerikanischen von David Luther
192 Seiten, durchgehend farbig, broschiert
ISBN 978-3-608-50062-2

Tony Hawks Tour-Tagebuch ist das Eintrittsticket zu allen Bereichen seines Lebens in der Zeit, während er auf Achse ist. Er teilt die Freude, die Erschöpfung, das Adrenalin und den Schmerz der Straße mit seinen Lesern und nimmt sie mit hinauf an den Rand der Rampe, zu Wettbewerben und Shows, zu Autogrammstunden, zu Dreharbeiten und wieder zurück nach Hause:

„Jhr glaubt, es ist kinderleicht und cool, ein professioneller Skateboarder zu sein? Denkt noch mal drüber nach! Das Leben auf der Straße ist eine Welt für sich. Man kann gar nicht beschreiben, wie es ist, sich jeden Tag in einer anderen Stadt aufzuhalten, jede Nacht in einem anderen Bett zu schlafen und nur mit einer kleinen Gruppe von Leuten unterwegs zu sein. Es ist abwechselnd aufregend, anstrengend, glamourös, abstoßend, ermüdend, witzig, streßig und verrückt – aber niemals langweilig. Hier findet ihr es: Das Leben auf der Straße, das zwischen Boardslides und Burnouts verläuft und immer eine einzige große Party ist."

Niemals zuvor hat ein professioneller Skateboarder einen so vollständigen Blick in sein Leben erlaubt. Dabei erfährt der Leser auch Jnteressantes über Weggefährten wie Tom Green, Bam Magera, Mat Hoffman und andere und wird Zeuge von Tricks, die garantiert nicht zur Nachahmung gedacht sind.

pic:helgetscharn.com